PREMIÈRE ANNÉE

GÉOGRAPHIE

DES

CINQ PARTIES DU MONDE

ÉTUDE DÉTAILLÉE DE L'EUROPE

PAR

M. H. PIGEONNEAU

PROFESSEUR D'HISTOIRE A LA FACULTÉ DES LETTRES
DE PARIS, VICE-PRÉSIDENT DE LA SOCIÉTÉ DE GÉOGRAPHIE COMMERCIALE

QUATORZIÈME ÉDITION
COMPLÈTEMENT REMANIÉE

PARIS

LIBRAIRIE CLASSIQUE EUGÈNE BELIN

Vᵉ EUGÈNE BELIN ET FILS

RUE DE VAUGIRARD, Nº 52

1882

Tout exemplaire de cet ouvrage non revêtu de ma griffe sera réputé contrefait.

PRÉFACE

—

L'accueil favorable qu'ont reçu notre Cours complet et notre Abrégé de Géographie commerciale, et l'approbation qu'a bien voulu leur accorder le Conseil supérieur de l'Enseignement spécial, nous ont décidé à compléter notre travail en publiant le Cours de première année et celui de l'année préparatoire.

Le Cours de géographie de l'Enseignement spécial est conçu de manière à former un ensemble dont toutes les parties se tiennent et se complètent, mais dont chaque partie détachée constitue elle-même un tout et répond à un ordre entier de connaissances géographiques. Ce sont comme autant de cercles concentriques qui vont s'élargissant, mais dont le plus petit comme le plus grand ne présente de lacune sur aucun point de sa circonférence.

L'élève forcé d'interrompre ses études au sortir de l'année préparatoire connaîtra, du moins dans ses traits essentiels, la géographie de son département et de son pays, comme celui qui quitterait le collège à la fin de la première année, emportera les notions indispensables sur la géographie des cinq parties du monde.

Nous nous sommes borné à suivre pas à pas cette méthode. Nous avons essayé avant tout d'être clair et bref sans nous réduire cependant à une nomenclature aride qui fatigue la mémoire sans éveiller l'intelligence. Grâce à des renseignements récents, et puisés à des sources officielles, ou dans des publications d'un mérite reconnu, nous avons pu rectifier quelques données statistiques. On trouvera également dans l'Etude détaillée de l'Europe, les changements introduits dans la géographie politique par les évènements récents, et nous ferons tous nos efforts pour nous tenir au courant des progrès de la science géographique et de toutes les variations essentielles de la statistique.

(Revu en **1882.***)*

GÉOGRAPHIE
DES CINQ PARTIES DU MONDE

ÉTUDE DÉTAILLÉE DE L'EUROPE

LIVRE I (N° I)

NOTIONS SOMMAIRES SUR L'EUROPE

L'Europe peut se diviser en cinq grandes régions.

I

La **Région du nord-ouest et de l'ouest** comprend quatre Etats :

1° Le **Royaume-Uni de Grande-Bretagne et d'Irlande** (Iles Britanniques) est borné au nord et à l'ouest par l'*océan Atlantique,* au sud par la *Manche,* à l'est par la *mer du Nord.*

La *Grande-Bretagne (Angleterre et Écosse),* la plus considérable des îles du groupe britannique, est traversée du nord au sud par une chaîne de montagnes ou de collines dont la partie la plus élevée est le massif des monts *Grampians* (en Écosse).

Les principaux fleuves sont la *Tamise* et l'*Humber,* qui se jettent dans la mer du Nord, et la *Severn,* qui se jette dans l'océan Atlantique.

La capitale est **Londres** sur la Tamise (3,800,000 habitants).

2° Le **Royaume des Pays-Bas** ou de **Hollande** est borné au nord et à l'ouest par la mer du Nord, au sud par la Belgique, à l'est par l'Allemagne.

Il possède les embouchures de trois grands fleuves qui se jettent dans la mer du Nord : le *Rhin,* la *Meuse* et l'*Escaut.* La capitale est la **Haye** (120,000 h.); la ville la plus importante, **Amsterdam**, sur le golfe du *Zuyder-zée* (326,000 h.).

3° Le **Royaume de Belgique** est borné au nord par les Pays-Bas, à l'ouest par la mer du Nord, au sud par la France, à l'est par le grand-duché de Luxembourg et l'Allemagne.

Il est traversé par l'*Escaut* et par la *Meuse*, dont les sources appartiennent à la France.

La capitale est **Bruxelles** (400,000 h. avec les faubourgs).

4° La **France**.

II

La **Région centrale** comprend trois États ou groupes d'États :

I. L'**Empire d'Allemagne** est borné au nord par la mer du Nord, le Danemark et la mer *Baltique;* à l'est par l'Empire russe, au sud par l'Empire d'Autriche-Hongrie et la Suisse, à l'ouest par la France, la Belgique et la Hollande.

La principale chaîne de montagnes est celle des monts *Sudètes,* des monts *des Géants,* des monts *Métalliques,* du *Jura Franconien,* des *Alpes de Souabe,* qui se dirigent du nord-est au sud-ouest et d'où se détachent, dans la direction du nord, la chaîne du *Harz* et celle de la *Forêt-Noire.*

Les principaux fleuves sont le *Rhin,* le *Weser,* l'*Elbe,* qui se jettent dans la mer du Nord; l'*Oder* et la *Vistule* qui se jettent dans la Baltique. Tous ces fleuves coulent du sud-est au nord-ouest. Le *Danube,* dont le cours supérieur appartient à l'Allemagne, coule de l'ouest à l'est.

L'Empire d'Allemagne comprend 26 États dont les principaux sont :

Le **Royaume de Prusse**, situé entre la Belgique et la Hollande à l'ouest, la mer du Nord, le Danemark et la Baltique au nord, l'Empire russe à l'est, l'Autriche les royaumes de Saxe et de Bavière au sud : capitale **Berlin** (1,130,000 h.), qui est également la capitale de l'Empire.

Le groupe des États secondaires du nord et du centre renferme le **Royaume de Saxe**, entre la Prusse, au nord, et l'Autriche, au sud : capitale *Dresde*, sur l'Elbe.

Les grands-duchés de *Mecklembourg*, sur la Baltique, et d'*Oldenbourg,* sur la mer du Nord ; les grands-duchés de *Hesse-Darmstadt* et de *Saxe-Weimar ;* les *Duchés saxons,* les sept petites principautés, et les villes libres de *Lubeck,* sur la Baltique, de *Hambourg* sur l'Elbe, et de *Brême* sur le Weser.

Le groupe du sud comprend : le **Grand-duché de Bade**; le gouvernement d'*Alsace-Lorraine,* enlevé à la France ;

Le **Royaume de Wurtemberg,** capitale *Stuttgart ;*

Le **Royaume de Bavière,** limitrophe de l'Autriche, capitale *Munich*.

II. L'Empire d'Autriche-Hongrie est borné au nord par l'Empire d'Allemagne et l'Empire russe ; à l'est par la Russie et la Roumanie ; au sud par la Turquie d'Europe, la mer *Adriatique* et le royaume d'Italie ; à l'ouest par la Suisse et la Bavière (Allemagne).

Les principales chaînes de montagnes sont : au sud, les rameaux des *Alpes,* dans la direction générale de l'ouest à l'est, ou du nord-ouest au sud-est ; dans le nord de l'empire, les monts de *Bohême,* de *Moravie,* les monts *Sudètes* et *Carpathes,* qui se dirigent du nord-ouest au sud-est.

L'Autriche possède les sources de l'*Elbe,* de l'*Oder,* de la *Vistule,* du *Dniester* et la plus grande partie du cours du *Danube,* le second fleuve de l'Europe par sa longueur et le premier par son importance commerciale.

La capitale est **Vienne** sur le Danube (710,000 h. sans les faubourgs).

III. La Suisse ou **Confédération helvétique** est

bornée au nord par l'Allemagne, à l'est par l'Autriche, au sud par l'Italie, à l'ouest par la France.

Elle est limitée et sillonnée en tous sens par les chaines des *Alpes Centrales, Pennines, Bernoises,* etc., les plus élevées des montagnes de l'Europe, et possède les sources et le cours supérieur du *Rhin* (lac de Constance) et du *Rhône* (lac de Genève).

La capitale de la confédération est *Berne* sur l'*Aar*, affluent du Rhin.

III

La **Région méridionale** comprend huit États ou groupes d'États :

1° Le **Royaume d'Espagne** est borné au nord par les *Pyrénées,* qui le séparent de la France, et par l'océan Atlantique ; à l'ouest par le Portugal et l'Atlantique ; au sud par le détroit de *Gibraltar;* à l'est par la mer Méditerranée. L'Espagne est traversée du nord au sud par les monts *Ibériques* qui se terminent sous le nom de *Sierra* (1) *Nevada* et projettent vers l'ouest plusieurs rameaux ; la *Sierra Morena,* les *sierras de Tolède,* etc.

Les principaux fleuves sont : l'*Èbre,* qui se jette dans la Méditerranée ; le *Guadalquivir,* la *Guadiana,* le *Tage* et le *Douro,* qui se jettent dans l'Atlantique.

La capitale est **Madrid** (400,000 hab.), au centre de l'Espagne.

2° Le **Royaume de Portugal,** situé entre l'Espagne à l'est, et l'Atlantique à l'ouest, est arrosé par le *Douro* et le *Tage.*

La capitale est **Lisbonne** (230,000 h.), à l'embouchure du Tage.

3° L'**Italie** est bornée au nord par l'Autriche-Hongrie et la Suisse, à l'ouest par la France et la mer *Tyrrhénienne* qui baigne l'île de *Sardaigne;* au sud par la

______

(1) *Sierra* signifie en espagnol chaine de montagnes dentelée (du latin *serra,* scie).

Méditerranée qui baigne l'île de *Sicile* et par la mer *Io-nienne ;* à l'est par la mer *Adriatique*.

Elle est entourée au nord par la chaîne des *Alpes,* qui forme un vaste demi-cercle, et traversée du nord au sud par celle des *Apennins*.

Les principaux fleuves sont le *Pô* et l'*Adige*, qui se jet-tent dans la mer Adriatique ; l'*Arno* et le *Tibre*, qui se jettent dans la mer Tyrrhénienne.

Le **Royaume d'Italie** comprend aujourd'hui la pé-ninsule entière. La capitale est **Rome**, sur le *Tibre* (290,000 h.).

4°, 5°, 6° et 7° La **Turquie d'Europe**, quand elle comprenait les *Principautés danubiennes,* était bornée au nord par l'Empire de Russie et l'Empire d'Autriche-Hon-grie ; à l'ouest par la mer *Adriatique* et la mer *Ionienne ;* au sud par le royaume de Grèce, l'*Archipel*, le *détroit des Dardanelles,* la mer de *Marmara* et le *détroit de Constan-tinople ;* à l'est par la *mer Noire*.

Cette région est traversée du nord au sud par la chaîne des *Alpes Dinariques* et *Helléniques*, de l'ouest à l'est par celle des *Balkans ;* elle est arrosée par le *Da-nube* qui se jette dans la mer Noire, et par la *Maritza*, qui se jette dans l'Archipel.

Elle comprend quatre États indépendants : 1° L'**Em-pire de Turquie** (partie européenne), capitale **Cons-tantinople** (600,000 hab.), sur le détroit du même nom ; avec la principauté vassale de **Bulgarie**, entre le Da-nube et les Balkans. 2° Le royaume de **Roumanie** (**Principautés Unies de Moldavie et de Valachie**), sur la rive gauche du Danube : capitale *Bukharest*. 3° Le royaume de **Serbie**, sur la rive droite du Danube : capitale *Belgrade*. 4° La petite principauté de **Monté-négro** qui touche à l'Adriatique.

8° Le **Royaume de Grèce** est borné au nord par la Turquie, à l'ouest par la mer Ionienne, au sud par la Méditerranée, à l'est par l'Archipel : il comprend le groupe des îles **Ioniennes** dans la mer Ionienne, l'île d'**Eubée** et les **Cyclades** dans l'Archipel. La Grèce qui n'a pas de grands fleuves est couverte de montagnes qui se rattachent à la chaîne *du Pinde* ou *Alpes helléniques*.

La capitale est **Athènes** (50,000 h.).

IV

La **Région orientale** ne comprend qu'un État : la **Russie** d'Europe, qui occupe à elle seule plus de la moitié de l'Europe.

Elle est bornée au nord par l'*océan Glacial* et la mer *Blanche ;* à l'est par l'Asie dont la séparent les monts *Ourals*, le *fleuve Oural* et la *mer Caspienne ;* au sud par les monts *Caucase* qui la séparent de l'Asie, et par la *mer Noire*, à l'ouest par la Roumanie, l'Autriche-Hongrie, l'Empire d'Allemagne, la mer Baltique, la Suède et la Norwège.

Les seules montagnes considérables qui appartiennent à la Russie d'Europe sont les monts *Ourals*, qui courent du nord au sud, et le *Caucase* du sud-est au nord-ouest.

Les principaux fleuves sont la *Dwina*, qui se jette dans la mer Blanche : la *Néva*, la *Düna*, le *Niémen*, la *Vistule*, qui se jettent dans la Baltique ; le *Dniester*, le *Dnieper*, qui se jettent dans la mer Noire, le *Don* dans la mer d'Azof, l'*Oural* et le *Volga*, le plus long des fleuves de l'Europe, dans la mer Caspienne.

La capitale de l'Empire russe est **Saint-Pétersbourg** à l'embouchure de la Néva (700,000 h.).

V

La **Région septentrionale** comprend trois Etats.

1° Le **Royaume de Danemark** se compose d'un groupe d'îles situé à l'entrée de la mer Baltique, et de la presqu'île du *Jutland*, entre la mer du Nord à l'ouest, les détroits du *Skager-Rack*, du *Cattégat* et du *Sund*, au nord, la mer Baltique à l'est, et la Prusse au sud.

La capitale est **Copenhague** dans l'île de *Seeland* (240,000 h.).

2° **La Péninsule scandinave,** bornée au nord par l'océan Glacial et l'Atlantique, à l'ouest par la mer du Nord, au sud par la mer du Nord et la Baltique, à l'est par la Russie, est arrosée par le *Dal,* la *Tornéa,* et de nombreux cours d'eau tributaires de la Baltique. Elle comprend les royaumes de **Suède** : capitale **Stockholm** (177,000 h.), sur la *Baltique,* et de **Norwège** : capitale **Christiania,** près de la *mer du Nord.* Ces deux Etats, gouvernés par un même souverain, sont séparés par le massif des *Alpes scandinaves.*

LIVRE II

GÉOGRAPHIE DE L'ASIE

CHAPITRE I (N° 2)

RÉGION OCCIDENTALE.

I

ARABIE (4 à 6 millions d'habitants musulmans).

Limites. — La presqu'île d'**Arabie** est bornée au nord par la Turquie d'Asie, à l'ouest par la mer *Rouge* et le détroit de *Bab-el-Mandeb* (la Porte des larmes), au sud par la mer d'*Oman,* à l'est par le détroit d'*Ormuz* et le golfe *Persique.*

Géographie physique. — L'Arabie est un vaste plateau limité à l'ouest et au sud par des chaînes de montagnes qui suivent les contours de la côte, peu connu à l'intérieur, en partie couvert de déserts de sable, ou de steppes arides, et sans cours d'eau considérables.

Le mont *Sinaï,* dans la presqu'île du même nom, est le sommet le plus septentrional des chaînes arabiques.

Divisions et villes principales. — La côte occidentale de l'Arabie (*Hedjaz*) appartient à la Porte ottomane. Les villes principales sont *Médine* et la **Mecque**

célèbres par la naissance et le séjour de Mahomet, le fondateur de la religion musulmane (septième siècle après J.-C.), avec le port de *Djeddah,* lieu de débarquement des pèlerins qui viennent visiter les villes saintes.

La partie méridionale (*Yémen*) est partagée entre des princes indépendants ou vassaux de la Turquie. Les **Anglais** y possèdent, à l'entrée du détroit de Bab-el-Mandeb, l'île de *Périm* et la ville d'**Aden,** clef de la mer Rouge, qui a hérité du commerce de Moka.

Le Sud-Est (*Oman*) appartient à l'iman ou sultan de **Mascate,** ville située à l'entrée du détroit d'*Ormuz,* sur la mer d'Oman.

Le centre (*Nedjed*) est habité par des tribus insoumises.

Productions. — Les principales productions de l'Arabie sont : le café (Moka), les gommes, les parfums et les chevaux.

II

TURQUIE D'ASIE (12 millions d'habitants, dont un quart de chrétiens, le reste musulmans).

Limites. — La **Turquie d'Asie** qui dépend comme la Turquie d'Europe, du sultan de Constantinople, est bornée au nord par la mer Noire, le détroit de Constantinople, la mer de Marmara et les Dardanelles ; à l'ouest par l'Archipel qui baigne les îles de *Mételin,* de *Chio,* de *Samo* et de *Rhodes,* et par la Méditerranée qui baigne l'île de *Chypre* (capitale *Nicosie,* port principal *Larnaca*), occupée depuis 1878 par l'Angleterre ; au sud par l'isthme de *Suez,* l'Arabie et le golfe Persique ; à l'est par la Perse et les provinces russes du Caucase.

Montagnes, fleuves et lacs. — Au nord s'élèvent deux plateaux : l'un celui de l'*Asie-Mineure* ou *Anatolie* est enveloppé par les chaînes du *Taurus* parallèles à la côte et d'où descend dans la mer Noire le fleuve *Kizil-Irmak* ; l'autre moins vaste et plus élevé, celui de l'*Arménie* (mont *Ararat,* 5250 mètres), renferme le lac de *Van.* A l'est s'étend une large vallée arrosée par deux grands fleuves, l'*Euphrate* et le *Tigre*, qui prennent leur source dans les monts d'Arménie, coulent du nord-ouest au sud-est, se réunissent sous le nom de *Chat-el-Arab* et se jettent dans le golfe Persique. Enfin, à l'ouest, le littoral de la Méditerranée est bordé du nord au sud par les deux chaînes du *Liban* et de l'*Anti-Liban* séparées par une vallée où coule le *Jourdain :* ce fleuve se jette dans la mer *Morte,* lac volcanique comme le lac de *Van.*

Villes principales. — Les principaux ports de la Turquie d'Asie sont : **Trébizonde** et *Sinope,* sur la mer Noire ;

Smyrne, la ville la plus peuplée de la Turquie d'Asie (150,000 h.), sur l'Archipel ;

Alexandrette, Tripoli, **Beyrouth** et *Jaffa,* sur la Méditerranée ;

Bassora, sur le Chat-el-Arab.

Les principales villes de l'intérieur sont :

Brousse, Angora et *Kaisarieh,* en Anatolie ;

Erzeroum, en Arménie, sur l'Euphrate ;

Mossoul et **Bagdad,** sur le Tigre ;

Alep et **Damas** en Syrie ;

Jérusalem en Palestine.

Productions. — Les principales productions de la Turquie d'Asie sont : les huiles d'olive, les fruits, le tabac, le coton, les graines oléagineuses, les bois, la laine, la soie, le cuivre et le plomb.

III

PROVINCES RUSSES DU CAUCASE (5 millions d'habitants, chrétiens-grecs, ou musulmans).

Limites. — Les Provinces russes du Caucase s'étendent des deux côtés de la chaîne, entre la mer Noire et la Turquie d'Asie à l'ouest, la Perse au sud, la mer Caspienne à l'est, les fleuves du *Kouban* et du *Térek* au nord.

Géographie physique. — Elles sont sillonnées par les rameaux du *Caucase* dont la chaîne principale court du sud-est au nord-ouest et atteint 5,600 mètres (monts Elbrouz et Kasbek). Deux fleuves, le *Kour*, tributaire de la mer Caspienne, et le *Rion* qui se jette dans la mer Noire, y creusent de profondes vallées.

Villes principales. — La capitale est **Tiflis** sur le *Kour*, en Géorgie.

Les principaux ports sont : *Batoum* et *Poti* sur la mer Noire, *Bakou*, sur la Caspienne, au sud du Caucase ; *Derbent,* sur la Caspienne, au nord de la chaîne principale,

Les principales villes de l'intérieur après Tiflis sont *Kars* et *Erivan*, dans l'*Arménie* russe.

Ces provinces doivent surtout leur importance à leur position stratégique qui a rendu la Russie maîtresse des routes du Caucase, malgré l'énergique résistance des montagnards *Abases* et *Circassiens,* et qui domine la Perse et la Turquie d'Asie.

IV

PERSE (6 à 7 millions d'habitants musulmans).

Limites. — La **Perse**, qui appartient à un souverain indépendant (*Shah*), est bornée au nord par les provinces russes du Caucase, la mer Caspienne et le Turkestan, à l'est par l'Afghanistan et le Béloutchistan, au sud par le golfe Persique, à l'ouest par la Turquie d'Asie.

Géographie physique. — C'est un plateau en partie occupé par des déserts sablonneux, arrosé par de rares cours d'eau qui vont se perdre dans des lacs salés, et limité au nord par les monts du *Khorassan* et les monts *Elbourz,* à l'ouest par les montagnes du Kourdistan, au sud par celles du *Kousistan* et du *Farsistan* qui s'élèvent en amphithéâtre et dominent le golfe Persique.

Villes principales. — La capitale est **Téhéran** au pied des monts *Elbourz* : les principales villes de l'intérieur sont : *Ispahan* dans le centre, *Chiraz* au sud, *Kirmanchah* à l'ouest, **Tauris**, la ville la plus peuplée (120,000 h.) et le grand entrepôt du commerce avec l'Occident, non loin du lac *Ourmia* et près de la frontière russe, et *Mesched* dans le Khorassan. Les principaux ports sont *Bouchir* sur le golfe Persique, et *Aster-Abad* sur la Caspienne.

Productions. — La Perse produit du tabac, du coton, de la soie, des laines, et fabrique des tapis et des cotonnades.

V

TURKESTAN (8 millions d'habitants musulmans?).

Limites. — Le **Turkestan** est borné au nord par la Sibérie, à l'ouest par la mer Caspienne, au sud par la Perse et l'Afghanistan, à l'est par l'empire Chinois.

Montagnes, fleuves. — C'est un pays de plaines, aride et sablonneux sur les bords de la mer Caspienne, arrosé au centre par deux grands fleuves, le *Sir-Daria* et l'*Amou-Daria,* qui se jettent dans le lac d'**Aral**, et dominé à l'est par le plateau de *Pamir* et les rameaux des monts *Célestes,* au sud par la chaîne de l'*Hindou-Kouh.*

Divisions et villes principales. — Le Turkestan se divise en plusieurs États dont les chefs portent le nom de *Khans.*

Le plus puissant et le seul qui soit à peu près indépendant est celui de *Boukara.* Tout le nord du Turkestan avec les villes de *Tachkend, Khodjend, Khokand, Samarcande,* est soumis à la Russie qui domine également à *Khiva* sur l'Amou-Daria. Le sud dépend aujourd'hui du souverain de l'Afghanistan. Quant aux *Turcomans* des bords de la Caspienne, ce sont des hordes sauvages qui n'obéissent à personne, mais qui subissent de plus en plus l'ascendant de la Russie.

VI

AFGHANISTAN (4 à 5 millions d'habitants musulmans).

L'Afghanistan est borné au nord par le Turkestan, à l'est par l'Indoustan, au sud par le Béloutchistan, à l'ouest par la Perse.

Géographie physique. — La partie occidentale n'est que le prolongement du plateau de la Perse : c'est une région sablonneuse, arrosée par le fleuve *Hilmend* qui se perd dans le lac de *Zerrah*. Le nord est traversé par la grande chaîne de l'*Hindou-Kouh*, et la partie orientale par les monts *Soliman* qui forment la ceinture du bassin de l'Indus.

Villes principales. — L'Afghanistan a pour capitale **Caboul**, sur un affluent de l'Indus ; v. pr. *Candahar* et *Hérat*. Ce pays est disputé entre l'influence anglaise et l'influence russe.

VII

BÉLOUTCHISTAN.

Le **Béloutchistan**, situé entre l'Indoustan à l'est, l'Afghanistan au nord, la Perse à l'ouest et la mer d'Oman au sud, est une région aride, habitée par des tribus nomades et qui subit de plus en plus l'influence des Anglais.

La seule ville de quelque importance est *Kélat*.

CHAPITRE II (N° 3)

RÉGION MÉRIDIONALE.

I

INDOUSTAN (250 millions d'habitants, brahmanistes et musulmans).

Limites. — L'Indoustan est borné au nord par l'Empire Chinois, à l'est par l'Indo-Chine, au sud-est par le *golfe du Bengale*, au sud par l'océan **Indien**, à l'ouest par la mer d'*Oman*, le Béloutchistan et l'Afghanistan.

Montagnes et fleuves. — La partie méridionale de l'Indoustan est un plateau triangulaire qui porte le nom de *Dékan*, et dont le sommet est formé par le cap *Comorin*, les deux côtés par les monts *Ghauts orientaux* et *occidentaux*, la base par les monts *Ouindhya*. Le Dékan est arrosé par le *Godavery* et la *Kristna* qui se jettent dans le golfe du Bengale.

La partie septentrionale de l'Indoustan comprend deux

immenses vallées, celle de l'*Indus* ou *Sind* qui coule du nord au sud et se jette dans la mer d'Oman, et celle du *Gange* qui coule du nord-ouest au sud-est ainsi que ses deux principaux affluents, à droite la *Djemma*, à gauche la *Gogra*, et qui se jette dans le golfe du Bengale par plusieurs bouches voisines de celles du *Brahmapoutre*, le plus oriental des fleuves de l'Indoustan.

Ces trois fleuves descendent du massif de l'*Himalaya* qui domine au nord les plaines de l'Indoustan, et dont les sommets, les plus élevés du globe, atteignent 8,840 mètres (pic *Everest* ou *Gaurisankar*).

Possessions françaises. — Sauf les comptoirs français de *Pondichéry*, *Yanaon* et *Karikal* sur le golfe du Bengale (côte de *Coromandel*), *Mahé* sur la mer d'Oman (côte de *Malabar*), et *Chandernagor* sur un bras du Gange (270,000 hab.) :

Possessions portugaises. — Les comptoirs portugais de *Goa* et *Diu* sur la côte de Malabar (440,000 h.) :

États indépendants. — Et quelques États indigènes cachés dans les vallées de l'Himalaya, tels que le *Boutan*, le *Ladak*, le *Cachemire*, qui jouissent d'une demi-indépendance, tout l'Indoustan appartient à la Grande-Bretagne.

Importance et productions des Indes anglaises. — L'étendue des possessions anglaises, la richesse et la variété de leurs productions, céréales, café, canne à sucre, épices, opium, coton, indigo, graines oléagineuses, bois précieux, soie, laines, diamants, métaux de toute espèce; leur admirable situation, sur une des routes commerciales les plus fréquentées du globe, entre la Chine, l'Océanie et l'Europe, font de l'Inde anglaise le centre de l'influence Britannique en Asie et la source principale de la prospérité maritime et commerciale de l'Angleterre.

Possessions immédiates de la Grande-Bretagne. — Les territoires directement administrés par des fonctionnaires anglais forment trois présidences ou gouvernements, deux vice-présidences ou lieutenances, et six commissariats principaux :

1° Le gouvernement du *Bengale* (bassin du Gange),
chef-lieu **Calcutta** (880,000 h.) sur un bras du Gange,
résidence du gouverneur général. Ville principale, *Patna*,
sur le Gange.

2° et 3° Les vice-présidences ou lieutenances d'*Agra*
(bassin supérieur du Gange), chef-lieu **Agra** : villes principales *Benarès*, sur le Gange, *Allahabad* et *Delhi* sur la
Djemma ; et du *Pendjaub* (bassin de l'Indus), chef-lieu
Lahore : v. pr. *Moultan*.

4° Le gouvernement ou présidence de *Bombay* (côte
de Malabar), chef-lieu **Bombay** : (650,000 h.), v. p. *Sou-
rate*, et *Kouratchi* dans le delta de l'Indus.

5° Le gouvernement ou présidence de *Madras* (côte de
Coromandel et côte du Malabar), chef-lieu **Madras**
(400,000 h.) sur le golfe du Bengale, villes principales
Cochin, *Calicut* sur la côte de Malabar, *Madapolam* sur
celle de Coromandel.

Possessions médiates. — Un certain nombre de
territoires tels que le *Népaul* dans l'Himalaya, le *Goudjé-
rate* sur la mer d'Oman, le *Sindhya* au nord des monts
Ouindhya, le *Maïssour* et le *Dékan* (capitale *Haiderabad*),
dans la presqu'île du Dékan, ont conservé leurs souve-
rains indigènes, sous la surveillance de garnisons européennes et de résidents anglais.

L'Indoustan compte aujourd'hui plus de 12,000 kilomètres de chemins de fer qui mettent en communication
toutes les grandes villes.

Iles. — A l'Indoustan se rattachent les îles *Maldives*
et *Laquedives* et l'île de *Ceylan*, possession anglaise,
séparée du Dékan par le détroit de *Palk:* capitale *Colombo;*
villes principales *Trinquemale* et *Pointe-de-Galles*.

II

INDO-CHINE (35 millions d'habitants, bouddhistes).

Limites. — L'Indo-Chine est bornée au nord par la
Chine, à l'est par l'océan Pacifique qui forme le golfe de
Ton-Kin et la mer de *Chine*, au sud par le golfe de *Siam*,
à l'ouest par le golfe du *Bengale* et l'Indoustan.

Montagnes et fleuves. — Plate et inondée sur les bords de la mer, l'Indo-Chine est traversée du nord au sud par plusieurs chaînes de montagnes dont la principale celle *des monts de Siam*, se termine au cap *Romania* dans la presqu'île de *Malacca*. Elle est arrosée par le *Meï-Kong* et le *Meï-Nam* qui se jettent dans l'océan Pacifique, et par le *Salouen* et l'*Iraouaddy* qui se jettent dans l'océan Indien.

1° Les **Possessions anglaises** dépendent en grande partie du gouvernement-général de l'Inde et occupent tout le littoral jusqu'au détroit de Malacca : villes principales *Rangoun* sur l'Iraouaddy, *Malacca* et *Singapour* qui commandent le détroit de Malacca.

2° Les **Possessions françaises** situées à l'embouchure du Meï-Kong ou rivière de *Cambodge* sont divisées en six provinces dont le chef-lieu est *Saïgon*. La France possède en outre le groupe des îles *Poulo-Condor*, et exerce un protectorat sur le royaume de *Cambodge*, capitale *Oudong*.

3° Le royaume des **Birmans**, à l'ouest, a pour capitale *Mandalay* sur l'Iraouaddy.

4° Le royaume de **Siam**, au sud, a pour capitale *Bangkok* sur le Meïnam.

5° Le royaume d'**Annam** ou de *Cochinchine*, au nord-est, a pour capitale *Hué;* v. pr. *Ké-Cho* dans la province du *Tonkin* récemment ouverte au commerce européen.

A l'Indo-Chine se rattachent les îles *Nicobar* et *Andaman*, possessions anglaises dans le golfe du Bengale.

Les principales productions de l'Indo-Chine sont le riz, les graines oléagineuses, les bois précieux, le pétrole et l'ivoire.

CHAPITRE III (N° 4)

RÉGION ORIENTALE.

I

EMPIRE CHINOIS (plus de 435 millions d'habitants, bouddhistes en majorité).

Limites. — L'Empire Chinois est borné au nord

par les possessions russes de Sibérie, à l'ouest par le Turkestan, au sud par l'Indoustan et l'Indo-Chine, à l'est par l'océan Pacifique qui forme la mer de *Chine*, la mer *Bleue*, la mer *Jaune* ou de *Corée*, et la mer du *Japon*, et qui baigne les îles de *Formose* et de *Haï-nan*, soumises à la Chine.

Étendue. — Il occupe une superficie de plus de 11 millions de kilomètres carrés, le quart de celle de l'Asie, près d'un quart de plus que celle des États-Unis, un dixième de plus que celle de l'Europe tout entière, vingt fois plus que celle de la France.

Montagnes, fleuves et lacs. — L'empire Chinois est séparé de la Sibérie par le *Petit-Altaï*, les monts *Sayansk*, les montagnes de *Mongolie* et de *Mandchourie*; il est limité du côté de l'Indoustan par les monts *Himalaya*, dont le revers septentrional lui appartient.

La partie occidentale de l'empire est un immense plateau, en partie occupé par le désert de *Gobi*, semé de lacs (lac *Lob*, etc.), coupé de grandes vallées qu'arrosent des fleuves sans écoulement vers la mer, tels que le fleuve *Tarim*. Le revers oriental du plateau est formé par les monts *In-Chân*, le revers septentrional par les monts de *Mongolie* et le *Grand-Altaï*, le revers occidental par les monts *Célestes* et les monts *Alak*. Au sud s'élèvent les plateaux et les montagnes du *Thibet*, et le massif du *Kou-Kou-nour* d'où descendent vers l'océan Indien et l'océan Pacifique les plus grands fleuves de l'Asie, le *Salouen* et le *Meï-Kong*, qui arrosent l'Indo-Chine, le fleuve *Bleu* et le fleuve *Jaune*, qui arrosent les vastes plaines de la Chine orientale.

Les autres cours d'eau sont : au nord l'*Amour* ou *Sagalien*, le *Peï-ho*, qui se jette dans le golfe de *Pe-tchi-li* (mer Jaune) et qui est joint au fleuve Bleu et au fleuve Jaune par le canal *Impérial* et le *Grand-Canal*; enfin, au sud, le *Tchu-Kiang* ou *Tigre de Canton*.

Villes principales. — La capitale de l'empire est Pékin sur un affluent du Peï-ho (1,000,000 d'hab.).

Les principaux ports ouverts aux Européens par les

traités de 1858 et 1860, qui ont suivi l'expédition victo-
rieuse de l'Angleterre et de la France, sont du nord au
sud : *Tien-tsin* sur le Peï-ho ; *Chang-Haï*, le principal
comptoir européen ; *Ning-po* et *Hang-tcheou* où commence
le grand canal ; *Fou-tcheou*, marché des thés noirs ;
Emouï et *Canton*, autrefois le seul port ouvert aux Européens ; enfin *Nankin* et *Han-Keou* sur le fleuve Bleu.

La ville la plus peuplée de l'Empire était, avant les
révoltes qui l'ont ruinée, *Sou-tcheou*, à l'est de Chang-
Haï (3,000,000 d'habitants).

Toutes ces villes sont situées dans la Chine proprement dite.

Les autres grandes régions de l'empire sont au nord la
Mandchourie (v. pr. *Ghirin*) et la *Mongolie* (v. pr. *Ourga*),
à l'ouest le *Turkestan* chinois (v. pr. *Kaschgar* et *Yarkand*), au sud le *Thibet* (v. pr. *Lassa*) et à l'est la presqu'île de *Corée*, royaume autrefois tributaire de la Chine.

Gouvernement et productions. — L'empire
Chinois est gouverné par une dynastie d'origine mand-
choue, dont l'autorité est absolue, mais souvent menacée
par des révoltes, et bravée par des brigands et des pirates
qui désolent l'empire.

Les principales productions de la Chine sont les céréales,
le riz, le thé, le coton, la soie, les laines, etc., les mines
sont d'une richesse inépuisable et la fabrication des
soieries, du papier, de la porcelaine, des laques est très
active dans la Chine proprement dite.

Colonies européennes. — Les Anglais possèdent
dans le golfe de Canton l'île de *Hong-Kong*, capitale *Victoria*, entrepôt de leur commerce avec la Chine ; et les
Portugais, l'île et la ville de *Macao*, près de Hong-Kong,
ruinée aujourd'hui par la concurrence anglaise.

II

EMPIRE DU JAPON (35 millions d'habitants, bouddhistes en majorité).

Iles, mers et détroits. — L'Empire du Japon
se compose de quatre îles principales situées dans l'océan

Pacifique à l'est du continent asiatique; au sud les îles de *Kiou-Siou* et de *Sikoff ;* au centre la grande île de *Nipon*, séparée de la Chine par le détroit de *Corée*, et par la mer du *Japon ;* au nord l'île d'*Yeso*, séparée de l'île de Nipon par le détroit de *Tsoungar*, et de l'île russe de *Sagalien*, par le détroit de *la Pérouse*.

Le sol de ces îles, en général volcanique et montagneux, est bien arrosé.

Principales villes de commerce. — L'ancienne capitale du Japon est **Kioto** (Myako), au sud de l'île de *Nipon* (290,000 hab.).

Les ports ouverts au commerce européen par les traités signés avec le Japon en 1858 et en 1864 sont : *Nagasaki*, dans l'île de Kiou-Siou.

Hiogo, Osaka et la grande ville d'**Yedo** (Tokio), capitale de l'Empire (860,000 h.), dans l'île de Nipon, sur l'océan Pacifique.

Hakodadi, près de *Matsmaï*, capitale de l'île d'Yeso, sur le détroit de *Tsoungar*.

Gouvernement. — Le peuple japonais est le plus intelligent, le plus brave et le plus éclairé de l'Asie orientale.

L'organisation du gouvernement et de la société offrent encore, malgré les innovations européennes, de frappantes analogies avec le système féodal de l'Europe du moyen âge. Le souverain héréditaire (*Mykado*) gouverne avec le concours d'un conseil des grands vassaux ou *daïmios* qui possédaient autrefois les diverses provinces de l'empire.

Productions. —Les principaux objets que le Japon livre au commerce sont le thé et la soie. La fabrication des porcelaines, des laques, des bronzes d'art y est très avancée.

CHAPITRE IV (N° 5)

RÉGION SEPTENTRIONALE.

RUSSIE D'ASIE OU SIBÉRIE (4 millions d'habitants, chrétiens
en majorité).

Limites. — La **Sibérie** ou Russie d'Asie est bornée
au nord par l'océan Glacial, à l'est par le détroit de
Behring, la mer d'*Okhotsk* et la mer du *Japon*, au sud
par l'empire Chinois et par le Turkestan russe, à l'ouest
par la Russie d'Europe (mer Caspienne, fleuve Oural
et monts Ourals). Sa superficie est de 13 millions de kilomètres carrés.

Montagnes, fleuves, lacs. — La Sibérie est séparée de la Chine par le *Petit-Altaï* et les monts *Sayansk*,
qui se prolongent dans la direction du nord-est par les
montagnes et les plateaux qui portent le nom de *Jablon-
noï* et *Stanovoï;* elle est limitée du côté de l'Europe par
la chaîne de l'*Oural*.

Les principaux fleuves sont l'*Obi*, grossi de l'*Irtych ;*
l'*Iénisséï*, grossi de l'*Angara* qui sort du lac *Baïkhal*, la
Léna qui se jettent dans l'océan Glacial. Ces fleuves coulent du sud-est au nord-ouest.

L'océan Pacifique reçoit l'*Anadyr* et l'*Amour* ou *Sagalien*, qui coule de l'ouest à l'est et sépare en partie la
Chine de la Sibérie.

Les principaux lacs sont le lac *Baïkhal* et le lac *Balkach*, situé au sud-ouest.

Agrandissements des Russes. — La Russie
déjà maîtresse par la Sibérie de plus d'un quart de l'Asie,
recule lentement ses limites au sud-ouest et à l'est. Du
côté du Turkestan, elle s'est emparée des steppes des
Kirghiz, a franchi le *Sir-Daria,* et conquis ou soumis à
son influence toute la vallée de ce fleuve, ainsi que le Kha-
nat de *Khiva,* et la région montagneuse de l'*Ala-Tau*.

Du côté de la Chine et de l'océan Pacifique, elle a occupé la grande île *Sagalien,* séparée du continent par le
détroit de *Tarrakaï,* et de l'île Japonaise d'Yeso, par le

détroit de *la Pérouse;* ses établissements descendent sur le littoral, au sud des bouches de l'Amour, jusqu'aux limites de la Corée.

Villes principales. — Les principales villes sont : à l'ouest, *Tobolsk* sur l'Irtych, et, *Tomsk* sur un affluent de l'Obi ; au sud *Irkhoutsk* sur l'Angara et *Kiachta* marché du commerce avec la Chine ; à l'est *Iakhoutsk* sur la Léna ; *Pétropaulowsk,* capitale du *Kamtschatka,* sur l'océan Pacifique, *Nicolaïewsk* à l'embouchure du fleuve Amour et *Vladivostok* au nord de la Corée.

Productions. — La Sibérie, froide, peu habitée, et dont les populations indigènes sont encore à demi sauvages et nomades, est riche surtout par ses bois, ses fourrures et ses mines d'argent, d'or, de fer, de cuivre, de platine et de graphite.

CHAPITRE V (N° 6)

RÉCAPITULATION DE L'ASIE

Limites générales. — Les limites générales de l'Asie sont : au nord, l'océan Glacial, à l'est le détroit de Behring et l'océan Pacifique, au sud le détroit de Malacca et l'océan Indien, à l'ouest la mer Rouge, l'isthme de Suez, la Méditerranée, l'Archipel, le détroit de Gallipoli ou Dardanelles, la mer de Marmara, le détroit de Constantinople, la mer Noire, le Caucase, la mer Caspienne, le fleuve Oural, les monts Ourals, et le fleuve *Kara.*

Superficie. — La superficie de l'Asie et des îles qui en dépendent est d'environ 43 millions de kilomètres carrés ; c'est le plus grand des continents.

Océans, mers, îles, etc. — 1° **L'océan Glacial arctique** forme les golfes de *l'Obi* et de *l'Iénisseï,* et baigne les îles *Liakhow* ou *Nouvelle-Sibérie.*

Il communique avec l'océan Pacifique par le détroit de *Behring.*

2° **L'océan Pacifique** forme la mer de **Behring** : la mer d'Okhotsk qui baigne la presqu'île de *Kamtschatka,* les îles *Kouriles* et l'île *Sagalien ;*

La mer du **Japon**, qui communique avec la précédente par le détroit ou manche de *Tarrakaï* et qui baigne les *îles du Japon ;*

La mer de **Corée** (mer Jaune), qui communique avec la mer du Japon par le détroit de *Corée,* forme le golfe de *Pé-tchi-li* et baigne la presqu'île de *Corée* et les îles *Lieou-Kieou ;*

La mer de **Chine**, qui baigne les îles de *Formose* et d'*Haï-nan*, et forme le golfe de *Tonkin*, sur les côtes de l'Indo-Chine ;

Enfin, le golfe de *Siam* au sud de l'Indo-Chine.

3° **L'océan Indien,** communique avec l'océan Pacifique par le détroit de *Malacca,* au sud de la presqu'île du même nom.

Il forme entre la presqu'île d'Indo-Chine et celle du Dékan le golfe du **Bengale** qui baigne les îles *Nicobar, Andaman* et *Ceylan ;*

Entre le Dékan et l'Arabie, la mer d'**Oman**, qui baigne les îles *Laquedives* et *Maldives ;*

Entre l'Arabie et la Perse, le **golfe Persique**, qui communique avec la mer d'Oman par le détroit d'*Ormuz ;*

Entre l'Arabie et l'Afrique, la mer **Rouge**, qui communique avec l'océan Indien par le détroit de *Bab-el-Mandeb.*

4° La **mer Méditerranée**, séparée par l'isthme de Suez de la mer Rouge, baigne la grande île de *Chypre* et forme l'**Archipel** où sont situées les îles de *Chio, Samo, Métélin, Rhodes*, la mer de **Marmara**, ainsi nommée de l'île de *Marmara*, la mer **Noire**, qui baigne le nord de la presqu'île d'Anatolie ou Asie-Mineure.

Montagnes, plateaux et plaines. — La charpente du continent asiatique est dessinée par les trois grandes presqu'îles de l'*Arabie*, du *Dékan* et de l'*Indo-Chine* terres élevées qui s'avancent dans l'océan Indien, et par trois massifs de hautes terres qui s'élèvent en amphithéâtre de l'ouest à l'est.

1° Le plus occidental et le moins élevé, celui de l'**Asie-Mineure**, est formé par les chaînes de l'*Anti-Taurus* et du *Taurus*, et domine, par des talus escarpés, la mer Noire et la Méditerranée, tandis qu'il s'abaisse en pente plus douce vers l'Archipel.

2° Le second, le plateau de la **Perse** ou de l'**Iran**, est séparé du précédent par la grande vallée de l'*Euphrate* et du *Tigre*; cependant il s'y rattache au nord par un plateau moins considérable, celui de l'*Arménie*, dont le point culminant est le mont *Ararat*. Le plateau de l'Iran est limité au nord par les monts *Elbourz*, les monts du *Khorassan* et par l'*Hindou-Kouh*; à l'est, par les monts *Soliman*; au sud, par les montagnes du *Béloutchistan* et du *Farsistan*; à l'ouest, par les monts *Elvend*. Les lacs de *Zerrah, Baghteghan*, etc., reçoivent ses eaux, sans écoulement vers la mer.

Le plateau de l'Iran domine par une pente rapide une profonde dépression (Turkestan) où dorment les eaux de ces grands lacs qui portent le nom de *Caspienne* et de lac d'*Aral*.

3° Le troisième massif de hautes terres, séparé de celui de l'Iran par la vallée supérieure de l'*Indus* et le bas-fond du *Turkestan*, est limité au nord par les montagnes de *Dzoungarie*, le *Grand-Altaï* et les monts de *Mongolie*, à l'est par les monts *In-chân*, au sud par le massif du *Kou-Kou-Nour* et les monts du *Thibet*, à l'ouest par le plateau de *Pamir*, les monts *Alak* et *Célestes*. C'est le plus élevé et le plus vaste des trois grands massifs intérieurs du continent asiatique. Il domine au nord les plaines de la Sibérie et la vallée de l'Amour, à l'est les plaines de la Chine; au sud il atteint sa plus grande élévation dans les plateaux du Thibet, séparés de la chaîne gigantesque de l'*Himalaya* (point culminant 8,840 mètres) par les profondes vallées de l'*Indus* et du *Brahmapoutre*. Au pied de l'Himalaya s'étendent les plaines de l'Indoustan arrosées par le Gange et l'Indus.

Fleuves. — L'Asie se divise, sans compter les bassins de la Caspienne et du lac d'Aral et ceux des lacs intérieurs, en quatre grands versants maritimes inclinés vers le nord (*océan Glacial*), vers l'est (*océan Pacifique*),

vers le sud (*océan Indien*), et vers l'ouest (*Méditerranée*).
Les principaux fleuves sont :

1° Dans le versant de l'océan Glacial, l'*Obi*, l'*Iénisseï* et la *Léna* (Sibérie), fleuves dont le cours dépasse 4,000 kilomètres.

2° Dans le versant de l'océan Pacifique, l'*Anadyr*, l'*Amour* ou *Sagalien* (Sibérie) le plus grand fleuve de l'Asie (6,000 kilomètres), le *Peï-ho*, le *Fleuve-Jaune*, le *Fleuve-Bleu* (5,000 kilomètres), le *Tigre de Canton* (Chine) le *Meï-Kong* et le *Meïnam* (Indo-Chine).

3° Dans le versant de l'océan Indien, le *Salouen*, l'*Iraouaddy*, le *Brahmapoutre*, le *Gange* (golfe du Bengale), le *Sind*, ou Indus (mer d'Oman), le *Tigre* et l'*Euphrate* qui forment le *Chat-el-Arab* (Turquie d'Asie, golfe Persique).

4° Dans le versant de la Méditerranée, le *Kizil-Irmak* (Turquie d'Asie, mer Noire).

5° Dans le bassin de la Caspienne et du lac d'Aral, le *Sir-Daria* et l'*Amou-Daria* (lac d'Aral) et le *Kour* (mer Caspienne, Transcaucasie).

Lacs. — Les principaux lacs sont : 1° Dans le versant de l'océan Glacial, le lac *Baïkhal* (Sibérie), le plus grand de l'Asie d'où sort l'*Angara*, affluent de l'Iénisseï.

2° Sur le plateau central les lacs *Kou-Kou-Nour*, *Tengri*, *Lob* (empire chinois), *Balkach* et *Issik-Koul* (Asie centrale russe).

3° Sur les plateaux de la Perse et de l'Afghanistan les lacs *Baghteghan* et de *Zerrah*.

4° Sur le plateau de l'Arménie les lacs *Ourmia* et de *Van*.

5° En Palestine, la mer *Morte* ou lac *Asphaltite*, qui reçoit le *Jourdain*.

Population. Races principales. — La population de l'Asie, évaluée à 800 millions d'habitants, appartient à deux grandes races : à l'ouest et au sud la **race blanche** qui comprend les populations de la *Turquie d'Asie*, de l'*Arabie*, de la *Perse*, du *Turkestan*, de l'*Afghanistan* et d'une partie de l'*Indoustan*.

A l'est, au nord et au sud, la **race jaune** ou **mongolique** qui comprend les populations indigènes de la *Sibérie*, de la *Chine*, du *Japon*, et de l'*Indo-Chine*.

Religions. — Les principales religions sont : 1° le *bouddhisme*, dont le chef (*dalaï-lama*) réside au Thibet, et qui compte plus de 300 millions de sectateurs en Chine, au Japon, en Indo-Chine, à Ceylan.

2° Le *brahmanisme* qui domine dans l'Indoustan.

3° Le *mahométisme* qui compte des sectateurs en Chine, dans l'Indoustan, etc. et qui domine en Perse, en Arabie, dans le Turkestan et la Turquie d'Asie.

4° La religion philosophique de *Confucius* pratiquée en Chine et au Japon.

5° Le *christianisme* pratiqué par les Européens qui résident en Asie, par les *Arméniens*, les *Grecs* et les *Syriens* schismatiques ou catholiques qui habitent une partie de la Turquie d'Asie, et par quelques centaines de milliers d'individus isolés en Chine, en Indo-Chine, et aux Indes.

Énumération des possessions européennes. — Les possessions ou colonies européennes sont :

1° **Aux Anglais :** *Aden* et l'île de *Périm*, en Arabie ;

L'île de *Chypre* dans la Méditerranée ;

L'*Indoustan* et *Ceylan* ;

Le littoral de l'*Indo-Chine* (*Rangoun, Malacca, Singapour*) ;

L'île de *Hong-Kong*, en Chine.

2° **Aux Russes :** la *Sibérie*, le *Turkestan* et la *Transcaucasie*.

3° **Aux Français :** *Pondichéry, Karikal, Yanaon, Mahé* et *Chandernagor*, aux Indes ; *Saïgon* et ses dépendances en Indo-Chine.

4° **Aux Portugais :** *Goa* et *Diu*, aux Indes ; *Macao* en Chine.

RÉSUMÉ.

N° 2

Région de l'ouest.

I. **Arabie,** située entre la Turquie d'Asie, la mer Rouge la

mer d'Oman et le golfe Persique, et partagée entre diverses do-
minations. *Villes principales :* la Mecque et Médine à la Porte-
Ottomane; *Aden,* sur le détroit de Bab-el-Mandeb, aux Anglais :
Mascate, sur le détroit d'Ormuz, Etat indépendant. — *Population,* 4 à 6 millions d'habitants, musulmans et en partie nomades.

II. **Turquie d'Asie,** entre la mer Noire, l'Archipel, la Méditerranée, l'isthme de Suez, l'Arabie, le golfe Persique, la Perse
et la Transcaucasie. *Villes principales :* Trébizonde et Sinope,
sur la mer Noire; Smyrne, sur l'Archipel, la ville la plus peu
plée (150,000 habitants); Beyrouth, sur la Méditerranée : Brousse
et Angora, en *Anatolie;* Erzeroum, en *Arménie;* Mossoul e¹
Bagdad, sur le Tigre; Alep, Damas, Jérusalem, en *Syrie.* —
— *Population,* 9 millions de musulmans et 3 millions de chrétiens.

III. **Provinces du Caucase,** possession russe entre le
Kouban et le Térek au nord, la mer Caspienne, la Perse à l'est,
la Turquie d'Asie au sud et la mer Noire à l'ouest. *Capitale,*
Tiflis, sur le Kour. *Villes principales :* Poti et Batoum sur la
mer Noire. — 5 millions d'habitants, chrétiens et musulmans.

IV. **Perse,** état indépendant, entre la Transcaucasie, la
Caspienne, le Turkestan, l'Afghanistan, le Béloutchistan le
golfe Persique et la Turquie d'Asie. *Capitale,* Téhéran. *Villes
principales :* Ispahan, Chiraz, Tauris. — *Population,* 6 à
7 millions d'habitants, musulmans.

V. **Turkestan,** entre la Sibérie, l'empire Chinois, l'Afghanistan, la Perse et la Caspienne, en partie conquis ou dominé
par les Russes (Khiva, Khokand, Taschkend), en partie indépendant (Boukara). — *Population,* 7 à 8 millions de musulmans.

VI. **Afghanistan,** entre le Turkestan, l'Indoustan, le Béloutchistan et la Perse. *Capitale,* Caboul; *Villes principales :*
Hérat et Candahar. *Population,* 4 à 5 millions de musulmans.
— Béloutchistan, entre l'Indoustan, la mer d'Oman, la Perse
et l'Afghanistan, sous le protectorat anglais.

<h2 style="text-align:center">N° 3</h2>

<h3 style="text-align:center">Région méridionale.</h3>

I. **Indoustan,** situé entre l'empire Chinois, l'Indo-Chine, le
golfe du Bengale, l'océan Indien, la mer d'Oman et l'Afghanistan. — *Comptoirs français :* Pondichéry, Chandernagor, Mahé,
etc. — *Comptoirs portugais :* Goa et Diu.
Possessions anglaises. 1° Gouvernement du Bengale. *Capitale,* Calcutta, sur le Gange, résidence du gouverneur général
de l'Inde. *Ville principale :* Patna.

2° Lieutenance d'*Agrah*. *Villes principales* : Agrah et Delhi : Lieutenance du *Pendjaub*. *Capitale* Lahore.

3. Gouvernement de Bombay. *Capitale*, Bombay.

4. Gouvernement de Madras. *Capitale*, Madras.

Ile de Ceylan. *Capitale*, Colombo. — Etats vassaux : le Dékan, le Maïssour, le Népaul, etc. — Etats jouissant d'une indépendance nominale, le Cachemire, le Boutan, le Ladak.

Population, 250 millions d'habitants brahmanistes, musulmans et bouddhistes.

II. **Indo-Chine,** entre l'empire Chinois, l'océan Pacifique, l'océan Indien et l'Indoustan, divisée en : 1° *Possessions anglaises*. *Villes principales* : Rangoun, Malacca, Singapour. — 2° *Birmanie* indépendante. *Capitale*, Mandalay. — 3° *Royaume de Siam*. *Capitale*, Bangkok, sur le Meïnam. — 4° *Royaume d'Annam*. *Capitale*, Hué. *Ville principale* : Kécho dans le Tonkin. — 5° Possessions françaises de la basse Cochinchine. *Capitale*, Saïgon. — *Population*, 35 millions d'habitants, bouddhistes.

N° 4

Région orientale.

I. **Empire chinois,** entre la Sibérie, le Turkestan, l'Indoustan, l'Indo-Chine et l'océan Pacifique. *Capitale*, Pékin, *Villes principales* : Nankin, Han-Keou, sur le fleuve Bleu; Chang-Haï, Canton, sur l'océan Pacifique; Sou-Tcheou-Fou (Chine proprement dite), Kaschhgar, Yarkand (*Boukarie*), Ourga (*Mongolie*), Lassa (*Thibet*), Ghirin (*Mandchourie*). — Etat tributaire : Royaume de Corée.

Colonies européennes. Hong-Kong, aux Anglais; Macao, aux Portugais.

Population, 435 millions, bouddhistes, musulmans, etc.

II. **Japon,** archipel situé entre l'océan Pacifique et la mer du Japon, à l'est de la Chine. *Capitale*, Tokio ou Yedo. *Villes principales* : Kioto, Osaka, port dans l'île de Nipon; Nagasaki, dans l'île de Kiou-Siou; Hakodadi, dans l'île d'Yeso.

Population, 35 millions d'habitants, bouddhistes.

N° 5

Région septentrionale.

Sibérie, possession russe située entre l'océan Glacial arctique, l'océan Pacifique, l'empire Chinois, le Turkestan et la Russie d'Europe. *Capitale*, Irkhoutsk. *Villes principales* : Tobolsk, Iakhoutsk, Nicolaïewsk, sur le fleuve Amour. — *Population*, 4 millions d'habitants.

N° 6

Récapitulation.

Bornes. Détroits. — L'Asie dont la superficie est d'environ 43 millions de kilomètres carrés, est bornée : au nord par l'océan Glacial arctique ; à l'est par le détroit de Behring et l'océan Pacifique ; au sud par le détroit de Malacca et l'océan Indien ; à l'ouest par le détroit de Bab-el-Mandeb, la mer Rouge, l'isthme de Suez qui la rattache à l'Afrique, la mer Méditerranée, le détroit des Dardanelles, la mer de Marmara, le détroit de Constantinople, la mer Noire, les monts Caucase, la mer Caspienne et les monts Ourals qui la séparent de l'Europe.

Les **Mers secondaires** et grands **Golfes** sont : la mer du *Japon*, la mer *Jaune*, la mer de *Chine* et le golfe de *Siam*, formés par l'océan Pacifique ; le golfe du *Bengale*, la mer d'*Oman*, le golfe *Persique* et la mer *Rouge*, formés par l'océan Indien.

Les principales **îles** sont : dans l'océan Pacifique, l'archipel du *Japon*; dans l'océan Indien, l'île de *Ceylan*; dans la Méditerranée, l'île de *Chypre*.

Les principales **presqu'îles** sont : l'Asie-Mineure (Méditerranée), l'Arabie, le Dékan, l'Indo-Chine avec la presqu'île de Malacca (océan Indien), la Corée et le Kamtschatka (océan Pacifique).

Les principales **chaînes de montagnes** sont, outre les monts *Ourals* et le *Caucase*, celles qui dessinent les grands plateaux de l'Asie : 1° au sud-ouest, le plateau sablonneux de l'*Arabie*; 2° au sud, le plateau du *Dékan* ; 3° à l'ouest, le plateau de l'*Asie-Mineure*, sillonné par les chaînes du *Taurus* et d'où se détachent celles du *Liban* et des montagnes de l'*Arménie*; 4° le plateau de la *Perse* ou de l'*Iran*; 5° le *plateau central*, le plus élevé de tous, traversé par les monts *Célestes* et limité au nord par le massif de l'*Altaï*, au sud par celui de l'*Himalaya*, dont le principal pic, le *Gaurisankar*, est la plus haute montagne du monde (8,840 mètres). Les parties les plus élevées du plateau central sont le plateau de *Pamir* et les plateaux du *Thibet*.

Les pays de plaines basses sont : au nord la *Sibérie*, à l'est la *Chine*, au sud l'*Inde septentrionale*, au sud-ouest la vallée inférieure de l'*Euphrate*, au centre le *Turkestan*.

Les principaux **fleuves** sont : 1° dans le versant de l'océan Glacial arctique, l'*Obi*, l'*Iénisséi* et la *Léna*; 2° dans le versant de l'océan Pacifique, l'*Amour*, le *plus long des fleuves de l'Asie*, le fleuve *Jaune*, le fleuve *Bleu*, le *Meï-Kong* et le *Meïnam*; 3° dans le versant de l'océan Indien, le *Salouen*, l'*Iraouaddy*, le *Brahmapoutre*, le *Gange*, l'*Indus*, le *Tigre* et l'*Euphrate*; 4° dans le bassin intérieur de la Caspienne et du lac d'Aral, le *Sir-Daria* et l'*Amou-Daria*, qui se jettent dans le *lac d'Aral*.

Les principaux **lacs** sont : outre la mer *Caspienne*, et la mer d'*Aral*, les lacs *Balkach* et *Baïkhal*, le *plus grand lac de l'Asie* (Sibérie), la *mer Morte* (Palestine), les lacs de *Van* et d'*Our-miâ* (Arménie), les lacs *Lob*, *Tengri* et *Kou-Kou-Nour* (plateau central).

Population. — La population dépasse 800 millions d'habitants de race blanche à l'ouest et au sud, de race jaune à l'est, au nord, au centre et au sud-est.

Productions — Les principaux objets de commerce entre l'Asie et l'Europe sont : dans la région de l'ouest, le coton, les laines, la soie, les fruits, les huiles d'olives, le tabac, les éponges; dans la région du midi : le coton, l'indigo, l'opium, le riz, le sucre, le café, les épices, les perles; dans la région de l'est : le thé, la soie; dans la région du nord : les fourrures, l'or et l'argent.

Les animaux particuliers à l'Asie sont : le chameau et l'éléphant (races domestiques), le tigre et certains animaux à fourrures [hermine] (races sauvages).

Possessions européennes. *Russes :* Sibérie, Asie centrale, Transcaucasie.—*Anglaises.* Indoustan, Indo-Chine occidentale, île de Chypre, Ad n en Arabie, Hong-Kong en Chine. — *Fran-çaises :* Pondichéry et comptoirs des Indes, Cochinchine. — *Portugaises :* Goa en Indoustan, Macao en Chine.

Questionnaire.

DESCRIPTION PARTICULIÈRE DE CHAQUE CONTRÉE.

Quelles sont les limites de (on indiquera le nom du pays)? — Quelles sont les mers, îles, chaînes de montagnes, fleuves, lacs? — Quelles sont les principales villes? — Indiquer spécialement les ports. — Quel est le climat? — Quelles sont les productions les plus importantes? — Quelle est la population? — A quelle race appartient-elle? — Quelles sont les religions professées? — Y existe-t-il des colonies européennes? — Quel est le gouvernement?

Récapitulation.

Quelles sont les bornes de l'Asie? Quelle en est la superficie? Quelles sont les mers qui la baignent? Indiquer pour chacune de ces mers les principaux détroits, caps? Quelles sont les grandes péninsules? Où est situé le massif central et quelles sont les chaînes de montagnes qui l'entourent? Quelles sont les chaînes de montagnes les plus élevées du continent asiatique? Indiquer les autres plateaux les plus importants et les autres grandes chaînes. Quels sont les pays de plaines?

En combien de versants peut-on diviser l'Asie? Quels sont les fleuves qui se jettent dans l'océan Indien? — dans l'océan Glacial? — dans l'océan Pacifique? Où le Gange prend-il sa source?

Quelles sont les divisions de l'Asie au point de vue du climat? Quelles sont les productions spéciales à chaque grande région? Indiquer quelques-unes de ces productions qui ne se trouvent pas en Europe. Où récolte-t-on le thé? L'Europe produit-elle du riz et de la soie? Nommer quelques-uns des animaux qui ne vivent pas en Europe. Quelle est la population de l'Asie? A quelles races appartient-elle? Quelles sont les parties de l'Asie ou domine la race blanche?

Exercices.

Indiquer sur une carte muette de l'Asie, par des couleurs différentes, les pays de plaines basses, de plateaux et de montagnes. — Indiquer sur une carte d'Asie les colonies ou possessions européennes, — les régions occupées par la race jaune ou par la race blanche. — Montrer sur un planisphère la route la plus courte pour se rendre de Marseille à Calcutta par mer, de Paris à Pékin par terre.

Tracer au tableau la carte de (on indiquera la contrée, Indoustan, Chine, etc.), en indiquant la situation des grandes villes.

LIVRE III

GÉOGRAPHIE DE L'AFRIQUE

CHAPITRE I (N° 7)

RÉGION DU NORD-EST.

BASSIN DU NIL.

Sources du Nil. — La **région du nord-est** de l'Afrique appartient tout entière au bassin du plus grand fleuve de ce continent, le **Nil**, dont les sources si longtemps inconnues, ont été depuis le commencement du dix-neuvième siècle l'objet de recherches infatigables, et couronnées de succès.

Sans parler des expéditions antérieures de *Bruce*, de *Cailliaud*, de *Combes* et *Tamisier* (1837), etc... les voyageurs anglais *Speke* et *Grant* ont reconnu en 1861 que la principale branche du *Nil* (**Nil Blanc**) sort d'un lac situé sous l'Équateur, et auquel ils ont donné le nom de

Victoria-Nianza. Samuel *Baker* a exploré en 1864 un
autre lac au nord-ouest du premier, le lac *Albert-Nianza*
également traversé par le Nil ; enfin, le grand voyageur
anglais *Livingstone* et l'Américain *Stanley* ont résolu le
problème des sources du Nil qu'il faut placer dans le
massif du Kiliman-Djaro, au sud-est du Victoria-Nianza.

La région des lacs, séparée de la côte de Zanguebar
par le massif du *Kiliman-Djaro*, est habitée par des populations de race nègre ou galla, divisées en petits États
indépendants. Le Bassin du Nil comprend, outre la région
des grands lacs où il prend sa source, l'Abyssinie, le
Soudan oriental, la Nubie et l'Égypte.

I

ABYSSINIE ou ÉTHIOPIE.

L'Abyssinie est bornée au nord et à l'ouest par la
Nubie égyptienne, au sud par le pays des *Gallas* et la côte
de *Somal*, à l'est par la mer *Rouge*. C'est un plateau
élevé, escarpé au sud et à l'est, et coupé par de profondes
vallées qu'y creusent les affluents du Nil, le *Nil Bleu*, qui
forme le lac *Tzana*, et le *Taccazé*, principale source de
l'*Atbarah*, autre affluent du Nil Blanc.

La principale ville est *Gondar* près du lac Tzana.

L'Abyssinie produit du café, du coton, des bois : une
partie de la population est chrétienne.

II

SOUDAN ORIENTAL.

La partie orientale du Soudan, arrosée par le *Nil Blanc*
et par ses affluents, comprend le **Kordofan** et le **Darfour** pays montagneux soumis à l'Égypte ; et une partie
du **Ouadaï**, région fatale aux voyageurs européens, et
où ont péri Vogel et de Beurmann (dix-neuvième siècle).

III

NUBIE.

La Nubie, située entre l'Égypte au nord, la mer Rouge

et l'Abyssinie à l'est, le Soudan au sud et au sud-ouest et le désert de *Libye* à l'ouest, appartient aujourd'hui à l'É-gypte, dont l'influence s'étend sur la vallée du Nil Blanc bien au delà des limites de la Nubie, jusqu'à la région des grands lacs. Sauf la vallée du Nil Blanc, et celles du *Nil Bleu* et de l'*Atbarah*, ses affluents de droite, enfermées entre la *chaîne libyque* à l'ouest et la *chaîne arabique* à l'est, la Nubie est un pays désert, sablonneux et sans eau.

La principale ville est *Kartoum*, au confluent du Nil Bleu et du Nil Blanc. Sur les côtes sont situés les ports de *Souakim* et de *Massaoua*, ce dernier dans une île de la mer Rouge.

IV

ÉGYPTE.

L'Égypte proprement dite est bornée au nord par la Méditerranée, à l'ouest par la régence de Tripoli et le désert de Libye, au sud par la Nubie, à l'est par la mer Rouge et l'isthme de Suez.

Elle est arrosée par le Nil, qui forme à son embouchure un vaste delta, et dont la vallée est la seule partie fertile et cultivée de l'Egypte. Le reste, à l'exception de quelques oasis, est un désert de sable ou de pierres.

Villes principales. — La capitale de l'Egypte est **le Caire** sur le Nil (350,000 h.).

Les principales villes de la vallée du Nil sont *Assouan* (dernière cataracte du Nil), *Syout*, etc... Les villages de *Louqsor* et de *Carnac* marquent l'emplacement de l'an-cienne ville de Thèbes. Les ports sont : sur la Méditerra-née, **Alexandrie** (180,000 h.), *Rosette* et *Damiette*, sur les deux principales bouches du Nil, et *Port-Saïd;* sur la mer Rouge, **Suez** et *Kosséir*.

Isthme et canal de Suez. — *Port-Saïd* sur la Mé-diterranée et *Suez* sur la mer Rouge, marquent les deux extrémités du canal qui coupe l'isthme de Suez, sur une longueur de 160 kilomètres, et qui ouvre entre l'Europe, l'Asie méridionale et l'extrême Orient une route maritime destinée à abréger de moitié l'ancienne route par le cap de Bonne-Espérance.

Avant l'ouverture du canal, la communication était déjà établie par le chemin de fer de Suez à Alexandrie.

Gouvernement et productions. — L'empire égyptien, qui s'étend sur la Nubie, le Kordofan, le Darfour et la région des Lacs et qui compte environ 17 millions d'habitants, en grande partie musulmans, est gouverné par un vice-roi héréditaire sous la suzeraineté de la Porte-Ottomane.

Les principales productions de l'Egypte sont les céréales, le coton, le lin, les plantes tinctoriales et oléagineuses.

CHAPITRE II (N° 8)

RÉGION DU NORD-OUEST.

ÉTATS BARBARESQUES.

Les Etats du nord-ouest, baignés par la **Méditerranée**, et traversés par les chaînes de l'Atlas, s'appellent souvent *Etats Barbaresques*, du nom de la population primitive de ces contrées, les *Berbères*.

Ce sont : la Régence de Tripoli, la Tunisie, l'Algérie et le Maroc.

I

RÉGENCE DE TRIPOLI (1 million d'habitants musulmans).

La **Régence de Tripoli** est bornée au nord par la Méditerranée, qui forme les golfes de *Gabès* et de *la Sidre;* à l'est par l'Egypte, au sud par le *Sahara,* à l'ouest par le *Sahara* et la Tunisie.

C'est un pays aride et habité surtout par des tribus nomades. — Les principaux ports sont : la capitale *Tripoli,* et *Benghazi;* les villes les plus importantes de l'intérieur *Ghadamès* et *Mourzouk,* capitale du *Fezzan,* rendez-vous des caravanes du Soudan.

Le pays de Tripoli appartient à la Porte-Ottomane.

II

TUNISIE (2,000,000 d'habitants musulmans).

La **Tunisie** est bornée au nord et à l'est par la Méditerranée, au sud par le Sahara et le pays de Tripoli, à l'ouest par l'Algérie ; elle est sillonnée par les chaînes de l'Atlas.

La capitale est **Tunis** sur la Méditerranée ; les principales villes sont les ports de *Biserte,* de *Sfax,* de *Souse* et de *Gabès,* et *Kairouan* dans l'intérieur.

La Tunisie est placée depuis 1881 sous le protectorat français.

III

ALGÉRIE.

Limites. — L'*Algérie,* possession française, est bornée au nord par la Méditerranée, à l'est par la Tunisie, au sud par le Sahara, à l'ouest par le Maroc. Sa superficie est à peu près égale à celle de la France.

Montagnes et fleuves. — Les chaînes de l'Atlas traversent toute l'Algérie de l'ouest à l'est, et donnent naissance à un grand nombre de rivières, *Seybouse, Oued-el-Kebir, Harrach, Tafna,* dont une seule, le *Chélif,* est navigable, dans la partie inférieure de son cours.

Productions. — L'Algérie se divise en trois régions physiques : 1° de la Méditerranée aux sommets de l'Atlas septentrional, le *Tell,* région des céréales, du coton, de la vigne, de l'olivier, du tabac, des forêts de chênes-lièges ; riche en mines de fer, de cuivre, en carrières de marbre, d'onyx, de pierres de taille.

2° Entre l'Atlas septentrional et l'Atlas méridional, la région des *Plateaux* ou steppes, couverts de lacs salés, et de pâturages où se multiplient d'immenses troupeaux de bœufs, de moutons, de chevaux.

3° Au sud de l'Atlas, le *Sahara,* région des sables et des oasis, où le palmier est la principale production du sol, et le chameau l'animal domestique le plus utile.

Population européenne et indigène. — La population totale est de 2,900,000 habitants, dont près de 350,000 Européens et 2,550,000 indigènes *Arabes* ou *Berbères* (Kabyles), de religion musulmane.

Division en trois provinces. Villes principales. — L'Algérie se divise en trois provinces, celles d'*Oran*, d'*Alger* et de *Constantine*, partagées en territoire civil et territoire militaire. Alger est la résidence du gouverneur général.

Le territoire civil forme jusqu'à nouvel ordre trois départements.

1° **Alger** (50,000 h.), sous-préfectures : *Milianah, Orléansville* et *Tizi-Ouzou*. V. pr. *Blidah, Médeah,* et *Cherchell* (port).

2° **Oran**, sous-préfectures : *Mascara, Tlemcen, Mostaganem* et *Sidi-bel-Abbès*. V. pr. *Saint-Denis du Sig.*

3° **Constantine**, sous-préfectures : *Bône, Sétif, Philippeville, Guelma* et *Bougie* (port).

Les principales villes de la région méridionale, occupée presque exclusivement par les indigènes, sont :

1° Dans la province d'Alger : *Laghouat ;*

2° Dans la province d'Oran : *Saïda* et *Géryville ;*

3° Dans la province de Constantine : *Bouçada, Batna, Biskra, Tougourt,* au sud du lac *Melrir.*

Importance militaire et commerciale. — L'Algérie, par l'étendue de ses côtes sur la Méditerranée, par la variété et la richesse de ses productions, par sa position, qui domine les routes commerciales du Sahara et du Soudan ; par l'influence qu'elle nous assure sur toute l'Afrique septentrionale, enfin par les aptitudes militaires de ses populations indigènes, si on sait en tirer parti, est la plus importante possession de la France, et l'une de celles qui offrent déjà à son commerce les plus riches débouchés.

IV

MAROC (7 ou 8 millions d'habitants musulmans).

L'Empire du Maroc est borné au nord par la Méditerranée et le détroit de Gibraltar, à l'ouest par l'océan Atlantique, au sud par le Sahara, à l'est par l'Algérie.

Le pays est sillonné comme l'Algérie par les chaînes de l'*Atlas*, et présente les mêmes caractères physiques. Les principaux fleuves sont le *Tensif* (Atlantique), et la *Malouïa* (Méditerranée).

Les villes les plus importantes sont celles de *Fez*, de *Maroc* et de *Méquinez* dans l'intérieur, les ports de *Mogador* et de *Salé* sur l'océan Atlantique, de *Tanger* sur le détroit de Gibraltar, et de *Tétouan* sur la Méditerranée.

Les oasis de *Tafilet* et des *Touats*, dans la région saharienne, dépendent du Maroc. Les Espagnols y possèdent la ville de *Ceuta* sur le détroit de Gibraltar.

CHAPITRE III (N° 9)

RÉGION SAHARIENNE.

I

LE SAHARA.

Limites et aspect physique. — On donne le nom de **Sahara** ou de *Grand désert* à une vaste région comprise entre les États barbaresques au nord, l'océan Atlantique à l'ouest, la Sénégambie et le Soudan au sud, l'Egypte et la Nubie à l'est.

Les sables n'occupent qu'une partie assez restreinte du Sahara, surtout au nord, à l'ouest et à l'est ; le reste de sa surface est couvert de steppes et de plateaux qui atteignent jusqu'à 2,000 mètres d'élévation, les uns arides, les autres bien arrosés et habités par des populations sédentaires.

Populations. — Les peuples du Sahara appartiennent en général à la race berbère et à la religion musulmane, et portent à l'ouest le nom de *Maures Trarzas ;* au centre celui d'*Imoshar* ou *Touaregs*, à l'est celui de *Tibbous*.

Routes de caravanes. — Le Sahara est traversé par plusieurs grandes routes commerciales que nous ont fait connaître les explorations de *Caillié*, du docteur *Barth*, de *Henri Duveyrier*, de *Rohlfs*, et qui rattachent les villes de la Méditerranée à celles de l'Afrique intérieure.

Les plus suivies par les caravanes sont : 1° à l'ouest, celle de *Fez* à *Tombouctou*, par *Tafilet* et l'oasis des *Touats* ; 2° au centre, celle d'Alger à *Tombouctou* et à *Kanou* par *Ouargla* et *Aïn-Salah* ; 3° à l'est celle de *Tripoli* et de *Tunis* au Soudan central et oriental, par *Ghadamès* et *Mourzouk*, *Aghadès* et *Bilma*.

II

SOUDAN (30 millions d'habitants, en majorité musulmans.)

Limites. — Le **Soudan** ou **Nigritie** est compris entre le Sahara au nord, la Sénégambie à l'ouest, la Guinée et l'Afrique équatoriale au sud, la Nubie à l'est.

Soudan oriental. — 1° La partie orientale du Soudan (*Darfour* et *Ouadaï*) appartient au bassin du Nil.

Soudan central, le lac Tchad. — 2° La partie centrale, qui comprend les pays de *Bornou*, de *Baghermi*, d'*Adamoua*, de *Haoussa*, est arrosée par les affluents du lac **Tchad**, le **Charry**, le **Yeou**, et par les tributaires du Niger, dont le plus important est le *Binoué* ou *Tchadda*.

Les principales villes de cette région sont *Kouka*, *Kanou* et *Sackatou*, trois des grands marchés du Soudan : le peuple qui y domine est celui des *Fellatahs*, qui paraît formé de populations berbères mêlées à des tribus de race nègre.

Les voyages de *Clapperton*, de *Richardson*, de *Barth*, de *Rohlfs* ont surtout contribué à faire connaître la partie centrale du Soudan.

Soudan occidental, le Niger. — 3° La partie occidentale du Soudan appartient au bassin du **Niger** (*Kouara* ou *Djoliba*), qui prend sa source dans les monts de *Kong* au nord-ouest de la Guinée, et vient se jeter, après avoir tracé un vaste demi-cercle, dans le golfe de Guinée (Atlantique). Le cours du Niger a été exploré par l'Anglais *Mungo-Park*, qui y trouva la mort ; par le major *Laing* (1825), par le Français *Caillié* (1828), enfin par *Lander* en 1830, *Barth*, *Richardson*, le voyageur français *Mage*, etc.

Les principales villes de cette région sont : *Ségou*, *Tombouctou*, et *Boussa* dans la vallée du Niger. Les *Touaregs* disputent aux *Fellatahs* et aux *Bambarras* la domination de ce pays.

Les principales productions du Soudan sont la poudre d'or, l'ivoire, les plumes d'autruche, les peaux brutes, la laine, la cire, le coton et les gommes.

III

SÉNÉGAMBIE.

Limites, fleuves, etc. — On donne le nom de Sénégambie à la région arrosée par le *Sénégal* et par la *Gambie*, tributaires de l'océan Atlantique, et bornée à l'ouest par l'Atlantique, au sud par la Guinée, à l'est par le Soudan, au nord par le Sahara.

Possessions françaises. — La France domine dans toute la vallée du *Sénégal;* le chef-lieu de cette colonie, une de nos possessions les plus importantes par l'accès qu'elle nous ouvre dans l'Afrique intérieure, est *Saint-Louis*, à l'embouchure du fleuve : les principaux postes sur le Sénégal sont *Dagana*, *Podor*, *Bakel* et *Médine*.

L'île de *Gorée*, près du cap Vert, le port de *Dakar*, la ville de *Sedhiou*, sur la rivière de *Casamance*, appartiennent également à la France.

Possessions anglaises. — Les Anglais possèdent à l'embouchure de la Gambie le comptoir de *Bathurst*. Les Portugais ont conservé l'archipel des *Bissagos*.

Productions. — La gomme, l'ivoire, la poudre d'or, le coton, les graines oléagineuses, sont les principaux produits de la Sénégambie. Les indigènes sont presque tous nègres.

IV

GUINÉE SEPTENTRIONALE.

Limites. — On donne le nom de **Guinée septentrionale** au pays qui s'étend entre les monts de *Kong* et l'Atlantique depuis le cap *Mesurado* jusqu'au cap *Lopez*, et qui est arrosé par la rivière de *Sierra-Léone*, le *Rio-Volta*, le *Niger*, l'*Ogooué*, récemment reconnu par MM. de Compiègne et Savorgnan de Brazza, voyageurs français.

Colonies européennes. — Les **Anglais** y dominent par leurs comptoirs de *Freetown*, de *Cap-Coast*, d'*El-Mina*, de *Bonny*, de *Vieux-Calabar*.

La **France** y possède des établissements au *Gabon* et des comptoirs à *Grand-Bassam* et à *Assinie*.

Les **Portugais** possèdent les îles de *Saint-Thomas* et du *Prince*; les **Espagnols**, celles d'*Annobon* et de *Fernan-do-Po*, dans le golfe de Guinée.

Enfin, les républiques nègres de *Liberia*, cap. *Monrovia*, et de *Maryland*, sont sous le protectorat des **États-Unis**.

Les royaumes indigènes des *Achantis*, cap. *Coumassie*, v. pr. *Salaga* sur le Volta; de *Dahomey*, cap. *Abomey*, de *Bénin*, conservent leur indépendance, en même temps que l'ignorance et la barbarie trop communes chez les populations de race nègre.

V

GUINÉE MÉRIDIONALE.

On donne le nom de **Guinée méridionale** à la côte qui s'étend du cap *Lopez* au cap *Frio*, entre l'Atlantique et les monts du *Congo*. Elle est arrosée par le fleuve *Congo* ou *Zaïre*, dont le cours a été déterminé par les voyages de l'Anglais *Cameron* et de l'Américain *Stanley*, et par le *Coanza*, dont la vallée a été explorée par le voyageur *Livingstone*. Elle est partagée entre des royaumes nègres indépendants, et les colonies portugaises dont les chefs-lieux sont *Saint-Philippe de Benguela* et *Saint-Paul de Loanda*.

VI

ILES AFRICAINES DE L'ATLANTIQUE.

Les îles africaines de l'océan Atlantique sont du nord au sud :

Les *îles Açores* et les *Madères* aux **Portugais** :

Les *Canaries*, dont la principale est *Ténériffe*, aux **Espagnols** :

Les îles du *Cap-Vert*, de *Saint-Thomas* et du *Prince*, aux **Portugais**.

Les îles *Fernan-do-Po* et *Annobon*, aux **Espagnols**.

Les îles de l'*Ascension* et de *Sainte-Hélène*, aux **Anglais**.

CHAPITRE IV (N° 10)

RÉGION AUSTRALE ET ORIENTALE.

I

AFRIQUE AUSTRALE. — COLONIE DU CAP.

La région qui s'étend au sud du cap *Frio*, sur les côtes de l'Atlantique, appartient au bassin du fleuve *Orange*, le plus important de l'Afrique australe, par son étendue et le nombre de ses affluents.

Elle comprend :

1° Le pays des *Hottentots* soumis à l'influence anglaise, plateau élevé, aride et en partie occupé par le désert de *Kalahari*.

2° La république indépendante du *Fleuve Orange*, fondée par les colons hollandais du Cap, qui se sont soustraits à la domination anglaise (*Boërs*).

3° *La colonie anglaise du cap de Bonne-Espérance* bornée au nord par le fleuve Orange, à l'ouest et au sud-ouest par l'Atlantique, à l'est par l'océan Indien. Elle est traversée par la chaîne des monts *Nieuveveld* et se divise en trois provinces : la province occidentale, cap. *le Cap;* la province orientale, cap. *Port-Elisabeth*, sur l'océan Indien et la Cafrerie britannique, v. pr. *East-London*, sur l'océan Indien. Le *Transvaal*, au nord du fleuve Orange, est sous le protectorat anglais.

Les principaux produits sont : les céréales, les laines, les peaux brutes, les diamants et les minerais de cuivre et de fer.

II

AFRIQUE ORIENTALE.

Le fleuve Zambèze et les lacs. — La côte orientale d'Afrique, depuis les limites de la Cafrerie britannique jusqu'au détroit de *Bab-el-Mandeb*, est baignée par l'océan Indien et bordée par une chaîne de montagnes qui prend le nom de monts *Lupata* et *Kiliman-Djaro*.

Les principaux fleuves sont le *Limpopo* et le *Zambèze*. Les voyages de *Livingstone*, de *Burton*, de *Cameron*, de *Stanley*, ont fait connaître la vallée du Zambèze et celles de ses principaux affluents, et révélé dans l'intérieur de l'Afrique l'existence de grands lacs, qui sont les réservoirs de ses fleuves, le lac *N'gnami*, au nord du désert de *Kalahari;* le lac *Nyassa* à l'ouest des monts *Lupata*, le lac *Tanganyika* dans la région arrosée par le Congo, les lacs *Moëro* et *Bengouéolo* traversés par le cours supérieur de ce fleuve.

Principales divisions. — Sur la côte, on rencontre, du sud au nord :

1° La colonie anglaise de *Natal*, v. pr. *Durban;*

2° La *Cafrerie* indépendante, de plus en plus dominée par les Anglais ;

3° La côte de *Mozambique*, v. pr. *Mozambique* et *Sofala*, occupée par des établissements portugais ;

4° La côte de *Zanguebar*, v. pr. *Zanzibar*, dans l'île du même nom, soumise à la domination ou à l'influence des Arabes, maîtres de presque tout le commerce de cette région ;

5° La côte de *Somal*, d'*Ajan* et d'*Adel*, mal connue, inhospitalière, et où l'influence arabe combat celle des Européens.

III

ILES AFRICAINES DE L'OCÉAN INDIEN.

Les principales îles de l'océan Indien sont :

1° La grande île de *Madagascar*, marécageuse sur les côtes, mais montagneuse au centre, séparée de la côte de Mozambique par le *Canal de Mozambique*, et dominée par les *Howas*, peuple de race malaise. La capitale est *Tananarive*, le principal port *Tamatave*, autrefois occupé par la France, qui a possédé des établissements importants à Madagascar.

2° L'île de *Sainte-Marie*, à l'est de Madagascar, colonie française.

3° Le groupe des îles *Nossi-Bé* et le groupe des *Comores*, dont la principale est *Mayotte*, colonie française au nord-ouest de Madagascar.

4° Le groupe des îles *Mascareignes*, qui comprend l'île de la *Réunion* (Bourbon), c. *Saint-Denis*, colonie française importante par ses sucres et ses cafés ; l'île *Rodrigue* et l'île *Maurice* (île de France) colonie anglaise, c. *Port-Louis*, l'un des meilleurs ports de l'océan Indien, autrefois possession française.

5° Le groupe des îles *Amirantes* et des îles *Seychelles*, possession anglaise.

6° L'île de *Socotora*, à l'entrée du golfe d'Aden, non loin du cap *Guardafui*.

CHAPITRE V (N° 11)

RÉCAPITULATION DE L'AFRIQUE.

Limites générales, mers, golfes. — L'Afrique est bornée au nord par la **Méditerranée**, qui forme

les golfes de la *Sidre* et de *Gabès,* et par le détroit de
Gibraltar;

A l'ouest par l'**océan Atlantique** qui forme le *golfe
de Guinée;*

Au sud par l'**océan Atlantique** ;

A l'est par l'**océan Indien,** le détroit de *Bab-el-Mandeb,* la *mer Rouge* et l'isthme de Suez.

Les principaux caps sont : au nord le cap *Bon* (Méditerranée), à l'ouest le cap *Vert* (Atlantique), au sud le
cap de *Bonne-Espérance* et le cap des *Aiguilles,* à l'est le
cap *Guardafui* (océan Indien).

La **superficie** de l'Afrique, trois fois plus considérable que celle de l'Europe est d'environ 30 millions de
kilomètres carrés.

Nature des côtes, disposition des montagnes.
— Les côtes sont peu découpées, d'un abord difficile, surtout à l'ouest, et n'offrent qu'un petit nombre de ports.
Les montagnes, presque partout parallèles à la côte, ne
laissent à leur pied qu'une étroite lisière de plaines
marécageuses ou sablonneuses, et forment dans l'intérieur des plateaux d'où les fleuves descendent vers la mer
par des cataractes infranchissables à la navigation.

Plateau de l'Afrique australe. — 1° La partie
méridionale de l'Afrique est un plateau triangulaire dont
le sommet est formé par les monts *Nieuveveld,* le côté
oriental par les monts *Lupata,* le côté occidental par les
monts du *Congo* méridional et la base par les montagnes
peu connues de l'Afrique centrale, au sud de la région
des grands lacs.

De ce plateau descendent, à l'est, vers l'océan Indien,
le *Limpopo* et les affluents du *Zambèze;* à l'ouest, vers
l'Atlantique, l'*Orange* et le *Coanza.* Les lacs *N'gami* et
Nyassa appartiennent à cette région méridionale.

Plateau central. — 2° Au nord de ce plateau s'en
trouve un second, plus élevé et qui paraît le point culminant de l'intérieur du continent : il renferme les plus
grands lacs de l'Afrique : le *Tanganyika,* les lacs *Bengouéolo, Moëro,* qui se déversent par le *Congo,* les lacs

Victoria, Albert, qui se déversent par le Nil. Le revers oriental est formé par les monts *Kiliman-Djaro* et *Keniah.* De ce plateau descendent, au nord le *Nil,* au sud le *Zambèze,* à l'ouest le *Congo* ou *Zaïre* et l'*Ogooué.*

Vallée du Nil. — 3° Au pied de ce plateau central, s'ouvre, au nord-est, la vallée du *Nil* qui sort des lacs *Victoria* et *Albert-Nianza.* La ceinture du bassin du Nil est formée à l'ouest par la *chaîne Libyque* et les montagnes du *Darfour,* au sud par le revers septentrional du plateau central, à l'est par le prolongement des monts *Keniah* et *Kiliman-Djaro,* dont le principal sommet (6,110 mètres), est le point culminant de l'Afrique, par le plateau de l'*Abyssinie* et la chaîne *Arabique.* Le *Nil* est le plus grand fleuve de l'Afrique (environ 6,000 kilomètres).

Plateau du Soudan. — 4° A l'ouest de la vallée du Nil, et au nord-ouest du plateau central, s'étendent les deux grands bassins du *Soudan,* l'un celui du lac *Tchad,* dont les eaux s'écoulent dans cette petite mer intérieure, l'autre celui du *Niger,* dont la pente générale inclinée vers le sud, verse dans le golfe de Guinée les eaux de ce grand fleuve. Le Niger prend sa source dans les *monts de Kong,* dont il franchit les terrasses par une série de cataractes. Du revers occidental des plateaux de Kong sortent le *Sénégal* et la *Gambie,* qui se jettent dans l'Atlantique.

Le Sahara et l'Atlas. — 5° Enfin, au nord du Soudan, s'étend une vaste dépression, le *Sahara* ou grand désert, séparé de la Méditerranée par le large massif de l'Atlas, et coupé au centre par une sorte de promontoire dont les pentes méridionales dominent le bassin du lac *Tchad* et celui du *Niger.*

Population, races et religions. — La population totale de l'Afrique s'élève au moins à 160 millions d'habitants.

Au nord et à l'est domine la race blanche, *Arabes* sur le littoral de la Méditerranée, *Berbères* dans l'Atlas et le Sahara, *Éthiopiens* en Abyssinie, en Nubie, en Egypte,

Gallas dans l'Afrique centrale, *Fellatahs* au Soudan et au Sénégal :

A l'ouest, au centre et au sud, la race noire avec ses innombrables variétés (Sénégal, Soudan, Guinée, pays des Hottentots) :

Au sud-est et à l'est, la race cafre peut-être parente des Malais.

La religion musulmane domine dans le nord et dans le centre de l'Afrique (Égypte, États barbaresques, Sahara, Soudan) : le fétichisme avec ses superstitions grossières dans tout le reste du continent (Sénégal, Guinée, Afrique australe, Mozambique). Les seules populations chrétiennes sont, outre les colons européens, les *Abyssins*, les *Coptes* en Egypte, et les nègres convertis par les Portugais, les Français ou les Anglais, au Sénégal, en Guinée et dans l'Afrique australe.

Colonies européennes. — Les colonies européennes en Afrique sont :

1º Aux **Français**, l'*Algérie*, le *Sénégal*, le comptoir du *Gabon* en Guinée, l'île de la *Réunion*, l'île *Sainte-Marie* et les *Comores* (Mayotte).

2º Aux **Anglais**, les comptoirs du *Sénégal* et de *Guinée* (*Bathurst*, *Freetown*, *Cap Coast*), les îles de l'*Ascension* et de *Sainte-Hélène*, la *Colonie du Cap*, celle de *Natal*, l'île *Maurice*, les îles *Seychelles* et *Amirantes*.

3º Aux **Portugais**, les îles *Açores*, *Madères* et du *Cap-Vert*, les îles *Saint-Thomas* et du *Prince*, la *Guinée méridionale* ou *Congo* et la côte de *Mozambique*.

4º Aux **Espagnols**, *Ceuta* au Maroc, les îles *Canaries* *Fernan-do-Po* et *Annobon*.

RÉSUMÉ.

Région du nord-est.

Nº 7

I. **Abyssinie,** située entre la mer Rouge à l'est, les pays habités par les Gallas au sud, l'empire égyptien à l'ouest et au nord, est divisée en royaumes indépendants.

Ville principale : Gondar.

Religion, chrétienne et musulmane.

II. **L'Empire Égyptien**, situé entre la mer Rouge et l'isthme de Suez à l'est, la Méditerranée au nord, le désert de Libye et le Soudan à l'ouest et au sud comprend :

1° Le *Soudan égyptien* (Darfour, Kordofan, région des lacs).

2° La *Nubie. Ville principale :* Kartoum, sur le Nil ;

3° L'*Egypte. Capitale*, le Caire (350,000 h.), sur le Nil.

Villes principales : Alexandrie, Port-Saïd, sur la Méditerranée, Suez, sur la mer Rouge, au débouché du canal de Suez, qui réunit la Méditerranée à la mer Rouge.

Population, 17 millions d'habitants de race copte, arabe, éthiopienne, galla et nègre, en majorité musulmans.

Gouvernement, vice-royauté héréditaire sous la suzeraineté de la Turquie.

Région du nord.

N° 8

Etats Barbaresques.

I. **Régence de Tripoli**, située entre la Méditerranée, la Tunisie au nord, le Sahara à l'ouest et au sud, l'empire égyptien à l'est, possession ottomane.

Capitale, Tripoli.

Population, 1,000,000 d'habitants musulmans.

II. **Tunisie**, entre la Méditerranée au nord et à l'est, la Tripolitaine au sud, l'Algérie à l'ouest, placée sous le protectorat français. *Capitale*, Tunis. — *Population*, 2,000,000 d'habitants musulmans.

III. **Algérie,** possession française entre la Méditerranée, le Maroc, le Sahara et la Tunisie ; divisée en trois provinces : 1° *Alger. Chef-lieu*, Alger. *Sous-préfectures :* Orléansville, Tizi-Ouzou, Milianah, pour le territoire civil. *Ville principale :* Laghouat, pour le territoire militaire. — 2° *Oran. Chef-lieu*, Oran. *Sous-préfectures :* Tlemcen, Mostaganem, Mascara, Sidi-Bel-Abbès, pour le territoire civil. *Villes principales :* Saïda et Géryville, pour le territoire militaire. — 3° *Constantine. Chef-lieu*, Constantine. *Sous-préfectures :* Bône, Philippeville, Bougie, Sétif, Guelma, pour le territoire civil. *Villes principales :* Batna, Biskra, Tougourt, pour le territoire militaire. — *Population*, 350,000 Européens, 2,550,000 indigènes, Arabes ou Kabyles, presque tous musulmans.

IV. Empire indépendant du **Maroc,** entre la Méditerranée, l'océan Atlantique, le Sahara et l'Algérie. *Villes principales :* Fez, Maroc ; Tanger sur le détroit de Gibraltar ; Mogador, **sur** l'Atlantique. — *Population*, 7 à 8 millions de Berbères musulmans.

Région centrale et occidentale.

N° 9

I. Le **Sahara**, région de sables et de steppes habitée, à l'ouest, par les Maures Trarzas ; au centre, par les Touaregs ; à l'est, par les Tibbous. — *Population*, musulmane.

II. Le **Soudan**, situé entre le Sahara, la Sénégambie, la Guinée, les régions inconnues de l'Afrique équatoriale et l'empire égyptien, se divise en *Soudan oriental* (*Darfour* et *Ouadaï*); *Soudan central* (*Bornou*, Capitale : Kouka ; et *Haoussa*, *Villes principales* : Kanou et Sackatou) *Soudan occidental* (*Villes principales* : Ségou et Tombouctou, près du Niger). — Mélange de populations nègres et berbères, pour la plupart musulmanes.

III. **Sénégambie**, entre le Sahara, l'Atlantique, la Guinée septentrionale et le Soudan, partagée entre les *établissements français*. *Capitale*, Saint-Louis, sur le Sénégal. — Les *établissements anglais*. *Capitale*, Bathurst, sur la Gambie, et quelques comptoirs *portugais*. *Populations* nègres, musulmanes ou fétichistes.

IV. **Guinée septentrionale**, entre la Sénégambie, le Soudan, le Congo et l'Atlantique, partagée, entre les *établissements anglais* (Freetown, Cap-Coast, Lagos, El-Mina), *français* (le Gabon), la république nègre de *Libéria* et les Etats indigènes habités par des populations nègres et fétichistes.

V. La **Guinée méridionale** ou **Congo**, partagée entre des Etats nègres indépendants et les *établissements portugais*. *Villes principales* : Saint-Paul de Loanda et Saint-Philippe de Benguéla.

VI. **Iles de l'Atlantique**. Iles *Açores*, *Madères*, *du Cap-Vert*, *Saint-Thomas*, *du Prince*, aux Portugais ; *Canaries*, *Fernan-do-Po*, *Annobon*, aux Espagnols ; *Ascension* et *Sainte-Hélène*, aux Anglais.

Région méridionale.

N° 10

I. Pays des **Hottentots**, dans l'intérieur et sur l'Atlantique, soumis à l'influence anglaise.

II. République indépendante du **Fleuve Orange**, dans l'intérieur.

III. *Colonies anglaises* du **Cap** et *Pays protégé* du **Transwaal** occupant l'extrémité méridionale du continent.

Villes principales : *Le Cap*, sur l'Atlantique et *Port-Elisabeth*, sur l'océan Indien.

IV. *Colonie anglaise de* **Natal**, sur l'océan Indien.

V. **Cafrerie** indépendante, sur l'océan Indien et dans l'intérieur.

Région orientale.

I. Côte de **Mozambique,** entre l'océan Indien et les monts Lupata, dominée par les Portugais.
Ville principale : *Mozambique*, sur l'océan Indien.

II. Côte de **Zanguebar,** entre l'océan Indien et la haute région des lacs, dominée par les Arabes.
Ville principale : *Zanzibar*, dans l'île du même nom, (océan Indien).

III. Côte de **Somal** et d'**Adel.**
Iles de l'océan Indien, *Madagascar*, indépendante. *Capitale*, Tananarive; port principal, Tamatave.
Ile Sainte-Marie, *îles Nossi-Bé*, *Mayotte*, colonies françaises.
Ile de la Réunion. Capitale, Saint-Denis. Colonie française : *Ile de France* ou *Maurice. Capitale*, Port-Louis, possession anglaise.
Iles Amirantes et Seychelles, possessions anglaises. — Ile *Socotora.*

Récapitulation.

Nº 11

Bornes. — L'Afrique, environ trois fois plus grande que l'Europe (30 millions de kilomètres carrés), a pour bornes : au nord, la *Méditerranée* et le détroit de *Gibraltar;* à l'ouest et au sud l'*Atlantique*, qui forme le golfe de *Guinée;* à l'est, l'*océan Indien*, le détroit de Bab-el-Mandeb, la mer Rouge et l'isthme de Suez, coupé par un canal maritime.

Elle se termine, au sud, par le cap de *Bonne-Espérance;* à l'est, par le cap *Guardafui;* à l'ouest, par le cap *Vert;* au nord, par le cap *Bon.*

Les principales îles sont : dans l'*océan Atlantique*, les îles Açores, Madères, Canaries, du Cap-Vert et de Sainte-Hélène; dans l'*océan Indien*, Madagascar, la Réunion, Maurice, les Comores, les Seychelles et Socotora.

Relief du sol. Fleuves. Lacs. — Les *pays de plaines* sont : le Sahara ou grand désert, le Soudan, presque toute la région du littoral.

Les *plateaux* sont : au nord, les plateaux de la région barbaresque, dominés par les chaines de l'Atlas ; à l'est, le plateau d'Abyssinie ; au midi, le plateau de l'Afrique australe, dominé par un plateau central qui s'étend au sud de l'équateur.

Les *principales chaines de montagnes* connues sont : au nord, l'*Atlas* ; à l'ouest, les monts de *Kong* ; à l'est, le massif des monts *Kiliman-Djaro* le plus élevé de l'Afrique (6,000 mètres) et *Kenia*, et des montagnes d'Abyssinie.

Les *principaux fleuves* sont : dans le versant de la *Méditerranée*, le Nil, le plus grand fleuve de l'Afrique (6,000 kilomètres) ; dans le versant de l'*Atlantique*, le Sénégal, la Gambie, le Niger ou Djoliba (Soudan) ; le Congo, le fleuve Orange ; dans le versant de l'*océan Indien*, le Zambèze.

La région intertropicale renferme de nombreux lacs : les lacs *Albert* et *Victoria*, réservoirs du Nil ; le lac *Tanganyika*, les lacs *Bengoucolo* et *Moëro*, réservoirs du Congo, le lac *Nyassa* dans le bassin du Zambèze, et le lac *Tchad*.

Population. — Les populations du nord et du nord-est sont en général, de race blanche et musulmanes ; celles du reste de l'Afrique appartiennent à la race noire et sont fétichistes ou musulmanes.

Productions. — Les principaux objets du commerce entre l'Afrique et l'Europe sont, dans la région du nord, le coton, les laines, les blés, l'huile d'olive, les dattes, les plumes d'autruches ; dans celle de l'ouest, les huiles de palme, les gommes ; dans celles du sud, les laines et les diamants ; dans celles de l'est et du centre, l'ivoire ; dans les îles de l'océan Indien, le sucre.

Animaux domestiques et sauvages. — Les animaux particuliers à l'Afrique sont le dromadaire (animal domestique), l'hyène, le lion, le rhinocéros, l'éléphant, la girafe, le gorille, l'hippopotame, le crocodile et les plus grandes espèces de serpents.

Colonies européennes. *Françaises* : Algérie, Sénégambie, Gabon, îles de la Réunion, Sainte-Marie, Nossi-Bé, Mayotte.

Anglaises : Comptoirs du Sénégal et de Guinée, colonie du Cap, Port-Natal, îles de l'Ascension, Sainte-Hélène, Maurice, Amirantes, Seychelles.

Portugaises : Congo, Mozambique, îles Açores, Madères, du Cap-Vert, Saint-Thomas, du Prince.

Espagnoles : Iles Canaries, Fernan-do-Po, Annobon ; Ceuta au Maroc.

Questionnaire.

DESCRIPTION PARTICULIÈRE DE CHAQUE CONTRÉE.

Quelles sont les bornes de ? (Indiquer le nom de la contrée.)— Quel est l'aspect général du pays? — Quelles sont les chaines de montagnes, fleuves, lacs? — (S'il s'agit de pays encore mal connus, rappeler les noms des explorateurs les plus récents). — Indiquer les capitales et villes principales (en particulier les ports). — Indiquer les établissements européens et les nations auxquelles ils appartiennent. — Quel est le climat du pays? — Quelles sont les principales productions? — A quelle race appartient la population? — Quelle est la religion?

GÉOGRAPHIE PHYSIQUE DE L'AFRIQUE.

Quelles sont les bornes de l'Afrique? — Quelle en est la superficie? — Indiquer les grandes divisions de ce continent. — Quelle en est la configuration? — Quelles sont les principales chaines de montagnes? — Quels sont les fleuves les plus importants? — Quelles paraissent être les parties les plus élevées du continent? — Quels sont les lacs les plus connus de l'Afrique? — Quelles sont les mers qui la baignent? — Indiquer les golfes, les caps, les îles principales. — Quel est le climat de l'Afrique? — Donner une idée de ses productions. — A quelles races appartiennent les populations de l'Afrique? — A quel chiffre peut-on les évaluer? — Quelles sont les religions professées en Afrique?

LIVRE IV

GÉOGRAPHIE DE L'AMÉRIQUE

CHAPITRE I (N° 12)

AMÉRIQUE DU NORD.

RÉGION SEPTENTRIONALE.

La région septentrionale de l'Amérique du Nord comprend les terres arctiques, la Nouvelle-Bretagne et l'ancienne Amérique russe, aujourd'hui territoire d'Alaska (Etats-Unis).

I

TERRES ARCTIQUES.

On désigne sous le nom de **Terres arctiques,** les terres situées au nord de l'Amérique et baignées par l'océan Glacial arctique.

Groenland et Islande. Possessions danoises. — Les principales sont : 1° le Groenland, baigné à l'ouest par le détroit de *Davis,* la mer de *Baffin,* les détroits de *Smith* et de *Kennedy,* à l'est par l'océan Glacial, et dont l'intérieur et la partie septentrionale sont encore inconnus. Le Danemark y possède des établissements dont le chef-lieu est *Upernawick*. Les indigènes portent le nom d'*Esquimaux*.

2° Au sud-ouest du Groenland, l'île **d'Islande** avec son volcan l'Hécla ; ville principale *Reikiawick*, possession danoise, habitée par des populations d'origine scandinave.

3° A l'ouest du Groenland, et au nord de l'Amérique, la *Terre de Cumberland* et de *Fox*, séparée du Groenland par le détroit de *Davis*, et de l'Amérique par le détroit d'*Hudson ;*

Les terres du *Prince-Guillaume* et du *North-Devon*, séparées par les détroits de *Barrow* et de *Lancastre ;*

Les terres de *Grinnell* et d'*Ellesmere* séparées du Groenland par les détroits de *Smith* et de *Kennedy ;*

L'île *Bathurst* et l'île du *Prince-de-Galles ;*

L'île *Melville* et l'île de *Banks*, séparées par le canal de *Mac-Lure*.

La plupart de ces îles glacées et sans végétation, sont dépourvues d'habitants.

Passage nord-ouest. — Dès le seizième siècle, les navigateurs anglais se préoccupèrent de découvrir au nord de l'Amérique un passage qui permît de se rendre en Chine et au Japon par une route plus courte que celle du cap de Bonne-Espérance.

Frobisher (1576) retrouve le Groenland déjà découvert au neuvième siècle ap. J.-C. par les Normands (scandinaves) ;

Davis (1585) explore le détroit qui porte son nom ;

Hudson (1607-1610) découvre la mer d'Hudson ;

Baffin (1616) celle de Baffin ;

En 1725, le Danois *Behring*, au service de la Russie, découvre le détroit de Behring qui sépare l'Amérique de l'Asie.

En 1819 et 1821, l'Anglais *Parry* reconnaît les détroits de *Lancastre* et de *Barrow*, et explore les côtes de l'île *Melville*, de l'île *Bathurst*, etc.

En 1829, *Ross,* complète ces découvertes et passe quatre hivers dans les mers glaciales.

En 1837, sir *John Franklin* constate enfin l'existence du passage nord-ouest cherché depuis si longtemps, mais fermé par les glaces ; en 1845, il part pour une nouvelle expédition qui doit lui coûter la vie.

Parmi les nombreux voyageurs qui s'acharnèrent, de 1848 à 1859, à la recherche de Franklin, on doit citer *Mac-Lure* qui, en 1850, découvrit en partant du détroit de Behring le canal qui porte son nom, entre l'île *Melville* et l'île de *Banks,* et confirma ainsi la première découverte de Franklin ; *Kane,* voyageur américain, qui en 1854 crut apercevoir, au delà du 81° degré de latitude nord, une mer libre de glaces, à laquelle on donna son nom. Les nombreuses expéditions arctiques entreprises depuis 1871 n'ont pas confirmé cette espérance et les plus hardies n'ont pas dépassé le 83° degré de latitude septentrionale.

II

TERRITOIRE D'ALASKA. — ÉTATS-UNIS.

L'Amérique russe, aujourd'hui *Territoire d'Alaska,* est bornée au nord par l'océan Glacial, à l'ouest par le détroit de *Behring,* et la mer de *Behring* qui baigne les îles *Aléoutiennes,* au sud par l'océan Pacifique, qui baigne les îles du *Roi-Georges* et du *Prince-de-Galles,* à l'est par l'Amérique anglaise (Nouvelle-Bretagne).

Elle est traversée par le prolongement des *montagnes Rocheuses* et arrosée par le fleuve *Youkon :* c'est une terre stérile, froide et presque inhabitée. Le principal établissement est la *Nouvelle-Arkhangel* ou *Sitka,* dans l'île du *Roi-Georges,* centre du commerce des bois et des fourrures. Le gouvernement russe a vendu aux Etats-Unis la partie de l'Amérique qui appartenait à la Russie.

III

NOUVELLE-BRETAGNE (4,000,000 d'habitants d'origine européenne,
ou Indiens et Esquimaux).

Limites. — La Nouvelle-Bretagne est bornée au nord
par l'océan Glacial, par la mer d'*Hudson* et le détroit
d'*Hudson ;* à l'est par l'Atlantique qui forme le golfe du
Saint-Laurent, au sud par les Etats-Unis, à l'ouest par
l'océan Pacifique et le territoire d'Alaska.

Iles. — Les îles qui en dépendent sont : dans l'océan
Pacifique, l'île *Vancouver ;* dans l'océan Atlantique, l'île
de *Terre-Neuve,* l'île du *Cap-Breton, Anticosti,* l'île du
Prince-Edouard, et les îles *Saint-Pierre* et *Miquelon.*

Montagnes et fleuves. — La Nouvelle-Bretagne
est coupée du nord au sud par la chaîne des montagnes
Rocheuses qui la divisent en deux grands versants :

1° A l'ouest, celui de l'**océan Pacifique,** arrosé par
le *Frazer.*

2° Au nord et au nord-est, celui de l'**océan Glacial**
qui reçoit le *Mackensie,* dont les affluents forment le lac
de l'*Esclave* et le lac du *Grand-Ours ;*

De la mer d'**Hudson,** qui reçoit le *Nelson,* déversoir
des deux lacs *Ouinnipeg ;*

Et de l'**océan Atlantique** qui reçoit le *Saint-Laurent,*
déversoir des cinq grands lacs *Ontario, Erié, Huron, Michigan* et *Supérieur.*

Divisions politiques. — La Nouvelle-Bretagne,
possession anglaise depuis 1763, se divise en huit provinces aujourd'hui organisées en confédération, et qui
portent le nom de *Dominion of Canada.*

1° A l'ouest, la *Colombie Britannique* et l'île *Vancouver :* capitale *Victoria ;* région importante par ses mines
d'or et ses forêts.

2° Au nord, les *Territoires de la Compagnie de la baie
d'Hudson,* couverts de lacs, de forêts et de glaces.

3° L'île du *Prince-Edouard,* capitale *Charlottetown.*

4° La presqu'île de la *Nouvelle-Écosse ;* capitale *Halifax.*

5° Le *Nouveau-Brunswick*, capitale *Fredericktown*.

6° Le *Bas-Canada* dont la population est en majorité d'origine française et a conservé sa langue : capitale *Québec*, ville principale *Montréal*, sur le Saint-Laurent.

7° Le *Haut-Canada ;* capitale *Ottawa*, siège du gouvernement fédéral, villes principales *Toronto*, sur le lac Ontario, et *Kingston* sur le Saint-Laurent.

8° Le *Territoire de la rivière Rouge* ou de *Manitoba*, au nord-ouest des grands lacs.

L'île de *Terre-Neuve*, cap. *Saint-Jean*, importante par ses pêcheries de morues, ne fait pas partie de la confédération.

Productions. — Les principales productions de la Nouvelle-Bretagne sont les bois, les fourrures, les céréales, les laines, les minerais de fer, de cuivre et d'or, et les produits de la pêche.

Possessions françaises. — La France possède dans le golfe du Saint-Laurent les petites îles de *Saint-Pierre* et de *Miquelon*, seuls débris de son empire colonial du Canada, et le droit de pêcher la morue sur le banc de *Terre-Neuve*.

CHAPITRE II (N° 13)

RÉGION CENTRALE

ÉTATS-UNIS (50,000,000 d'habitants, dont 6,600,000 noirs ou mulâtres et 300,000 Indiens).

Limites. — Les Etats-Unis sont bornés au nord par la Nouvelle-Bretagne, à l'ouest par l'océan Pacifique, au sud par le Mexique et le golfe du Mexique, à l'est par l'océan Atlantique. On peut les diviser en trois régions :

I

VERSANT DE L'EST

La première, comprise entre l'océan Atlantique à l'est, la chaîne des monts *Alleghanys* et les plateaux des *Apalaches* à l'ouest, les lacs Ontario, Erié et les possessions anglaises au nord, est arrosée par les fleuves *Hudson, Delaware, Potomac,* la rivière *James,* etc., ses côtes sont découpées et présentent des ports excellents.

Etats et capitales. Principaux ports. — Les Etats compris dans cette région sont, du nord au sud :

1° Le **Maine** : capitale *Augusta ;* principal port *Portland.*

2° Le **New-Hampshire** : capitale *Concord.*

3° Le **Vermont** : capitale *Montpellier.*

4° Le **Massachusetts** : capitale *Boston* (360,000 h.), l'un des premiers ports des Etats-Unis : ville principale *Lowell,* centre de l'industrie des cotonnades.

5° Le **Connecticut** : capitale *Hartford ;* port principal *New-Haven.*

6° Le **Rhode-Island** : capitale *Providence :* ville principale *Newport.*

7° Le **New-York :** capitale *Albany ;* villes principales **New-York**, à l'embouchure de l'Hudson, le premier port des Etats-Unis (1,700,000 h.) et leur vraie capitale commerciale et intellectuelle. — *Buffalo,* sur le lac Erié, *Rochester,* sur le canal de l'Érié.

8° Le **New-Jersey** : capitale *Trenton ;* ville principale *Newark.*

9° La **Pensylvanie** : capitale *Harrisbourg,* villes principales *Philadelphie* (850,000 h.), à l'embouchure de la Delaware ; *Pittsbourg,* sur l'Ohio.

10° La **Delaware** : capitale *Dover.*

11° Le **Maryland** : capitale *Annapolis ;* ville principale *Baltimore* (330,000 h.), l'un des principaux ports de commerce de l'Union.

12° et 13° Les **Deux Virginies** orientale et occidentale, capitale *Richmond,* sur la rivière *James,* ville principale *Norfolk* port sur l'Atlantique.

14° La **Caroline du nord,** capitale *Raleigh,* port principal *Wilmington.*

15° La **Caroline du sud,** capitale *Columbia,* ville principale *Charleston* (port).

16° La **Géorgie**, capitale *Atlanta ;* ville principale *Savannah* (port).

Cette partie des Etats-Unis, par la variété de ses productions : céréales, bois, bestiaux, tabac, coton (dans le sud); par ses mines de houille et de fer, et ses sources de pétrole, par son industrie, par son commerce et par sa population, est la plus riche et la plus importante de l'Union.

II

VERSANT DU SUD (N° 14)

Le Mississipi. — Le versant du sud des Etats-Unis appartient presque entièrement au bassin du plus grand fleuve de l'Amérique du Nord, le *Mississipi*.

La ceinture de ce bassin est formée à l'est par les monts *Alleghanys*, au nord par les plateaux qui dominent les grands lacs, à l'ouest par les *Montagnes Rocheuses*.

Les fleuves qui l'arrosent sont le *Rio del Norte*, le *Rio-Colorado* du Texas, l'*Alabama*, et le *Mississipi*, qui coule du nord au sud, et reçoit à droite le *Missouri*, l'*Arkansas*, et la *Rivière Rouge*, sortis des Montagnes Rocheuses, à gauche l'*Ohio* grossi du *Tennessee*.

Golfe du Mexique. Gulf-Stream. — Ces fleuves se jettent dans le *golfe du Mexique*, d'où part ce courant maritime d'eau chaude connu sous le nom de *Gulf-Stream*, ou Courant du golfe, et qui après avoir franchi le détroit ou canal de *Bahama*, se dirige vers le nord, le long des côtes des Etats-Unis, puis s'incline vers l'est au sud de Terre-Neuve, et vient mourir sur les côtes septentrionales et occidentales de l'Europe.

États et capitales. — Les Etats compris dans ce versant sont, sur la rive gauche du Mississipi (du nord au sud) :

17° Le **Michigan** : cap. *Lansing ;* v. pr. *Détroit* sur le lac *Saint-Clair*, entre le lac Huron et le lac Erié.

18° Le **Wisconsin** : capitale *Madison*, baigné par les lacs Supérieur et Michigan.

19° L'**Illinois** : capitale *Springfield*, ville principale *Chicago* (510,000 hab.) sur le lac Michigan, le plus grand port des lacs.

20° L'**Indiana** : capitale *Indianopolis*.

21° L'**Ohio** : capitale *Columbus*, villes principales *Cincinnati*, une des premières villes manufacturières de l'Union, et *Cleveland*, sur le lac Erié.

22° Le **Kentucky** : capitale *Francfort*, ville principale *Louisville* sur l'Ohio.

23° Le **Tennessee** : capitale *Nashville*, ville principale *Memphis*, sur le Mississipi.

24° Le **Mississipi** : capitale *Jackson*, ville principale *Wiksbourg*, sur le Mississipi.

25° L'**Alabama** : capitale *Montgomery*, ville principale *Mobile*, port de commerce sur le golfe du Mexique.

26° La **Floride** : capitale *Tallahassee*, ville principale *Pensacola*, sur le golfe du Mexique.

Sur la rive droite du Mississipi (du nord au sud).

27° L'Etat de **Minnesota** : capitale *Saint-Paul*, sur le Mississipi.

28° L'**Iowa** : capitale *Des Moines*, sur un affluent du Mississipi.

29° Le **Missouri** : capitale *Jefferson*, ville principale *Saint-Louis*, sur le Mississipi, le premier port de ce fleuve (350,000 habitants).

30° Le **Kansas** : capitale *Topeka*, sur le Kansas, ville principale *Leavenworth* sur le Missouri.

31° L'**Arkansas** : capitale *Little-Rock*.

32° La **Louisiane** : capitale *Bâton-Rouge*, sur le Mississipi, ville principale la **Nouvelle-Orléans**, à l'embouchure du fleuve, le premier port du golfe du Mexique.

33° Le **Texas** : capitale *Austin*, ville principale *Galveston*, port de commerce.

34° Le **Nebraska** : capitale *Omaha-City*.

35° Le **Colorado** : capitale *Denver-City*, au pied des Montagnes-Rocheuses.

Ce versant renferme en outre les *territoires* du *Nouveau-Mexique*, du *Dacotah*, du *Montana*, du *Wyoming* et le *territoire Indien,* encore habités par les restes des populations indigènes, *Paunies, Sioux,* etc...

Ce versant produit, au nord, les céréales et le tabac, au sud, le coton et la canne à sucre : les prairies ou les steppes, qui s'étendent entre le Mississipi et les montagnes Rocheuses, sont propres à l'élève du bétail, et les mines de cuivre et de fer du lac Supérieur, les mines de houille de l'Ohio, fournissent à son industrie des ressources précieuses.

III

VERSANT DE L'OUEST

L'Orégon. — Le versant de l'ouest est limité à l'est par la chaîne des montagnes Rocheuses, au sud par le Mexique, à l'ouest par l'océan Pacifique, au nord par la Colombie britannique.

Il est arrosé par le *Rio Colorado,* par le *Rio Sacramento,* et par l'*Orégon,* qui reçoit la rivière *Lewis.* Il comprend 9 États ou territoires, qui sont du nord au sud :

36° L'État d'**Orégon :** capitale *Salem,* port principal *Astoria,* sur l'Orégon.

37° L'État de **Californie** : villes principales **San-Francisco,** le premier port du Pacifique sur le littoral américain (250,000 hab.), *Sacramento* sur le Rio Sacramento, *Monterey,* et *San Pedro de los Angeles,* sur l'océan Pacifique.

38° L'État de **Nevada** : dans l'intérieur, capitale *Carson-City.*

Les territoires d'*Idaho,* d'*Arizona,* d'*Utah,* dans les montagnes Rocheuses ; celui de *Washington* sur l'océan Pacifique et le territoire d'*Alaska* (ancienne Amérique russe) sur le détroit de Behring.

Productions. — Le versant de l'ouest, avec les mines d'or de la Californie et de l'Orégon, les mines d'argent de la Nevada, les mines de mercure, de cuivre, de houille, chaque jour plus exploitées, avec ses riches productions, céréales, vignes, tabac, laines, avec ses magnifiques débouchés sur l'océan Pacifique, est appelé à devenir un des groupes les plus importants des Etats-Unis.

Gouvernement des États-Unis. — Les Etats-Unis forment une *république fédérale* gouvernée par un *président,* élu pour quatre ans, et par un *Congrès,* qui se compose d'un *Sénat* et d'une chambre des *représentants.*

La capitale fédérale est **Washington** (150,000 h.), sur le *Potomac.*

Chacun des Etats qui composent la Confédération administre librement ses affaires intérieures, et possède ses chambres, ses finances, sa milice particulière. Les territoires qui ne peuvent s'élever au rang d'Etat que quand la population y dépasse 127,000 individus, n'envoient pas de représentants au Congrès, et ne concourent pas à l'élection du président.

L'immigration étrangère et surtout irlandaise et allemande est très nombreuse aux Etats-Unis, qui comptent en outre près de 7 millions de nègres ou d'hommes de couleur, naguère esclaves dans le sud, mais aujourd'hui affranchis.

CHAPITRE III (N° 15)

RÉGION MÉRIDIONALE.

I

MEXIQUE (9,000,000 d'habitants d'origine espagnole ou indienne).

Limites. Mers. — Le **Mexique** est borné au nord par les Etats-Unis, dont il est séparé par le *Rio-del-Norte,* à l'est par le *golfe du Mexique,* au sud par l'Amérique centrale, à l'ouest par l'océan Pacifique, qui forme entre le continent et la presqu'île de *vieille Californie,* la *mer Vermeille,* ou golfe de *Californie.*

Montagnes et volcans. — Le Mexique est un plateau formé par deux chaînes parallèles à la mer et peu éloignées de la côte et dominé par une troisième qui est la prolongation des *montagnes Rocheuses,* et dont le point culminant est le volcan *Popocatepetl.* La région maritime y est brûlante et insalubre (terres chaudes), la région des plateaux saine et tempérée.

Le plateau du Mexique renferme plusieurs lacs, mais n'a point de cours d'eau navigables.

Divisions. Villes principales. — La capitale est **Mexico** (230,000 h.). Les principaux ports sur l'océan Pacifique sont : *Guaymas, Mazatlan,* et *Acapulco :* sur l'océan Atlantique, *Matamoros,* à l'embouchure du Rio-del-Norte, *Tampico, Vera-Cruz,* et *Campêche,* dans la presqu'île de *Yucatan.* Les villes les plus importantes de l'intérieur sont : *Puebla, Saint-Louis de Potosi, Durango, Guadalaxara,* et *Oaxaca.*

Productions. — Les principales richesses du Mexique sont ses mines d'argent, ses bestiaux et ses produits agricoles, coton, tabac, cacao, vanille, canne à sucre.

II

AMÉRIQUE CENTRALE.

Isthme de l'Amérique centrale. Son importance. — On donne le nom d'**Amérique centrale** à ce grand isthme qui joint les deux Amériques et qui se termine par l'isthme plus étroit de *Panama.* Il est traversé par la continuation des chaînes du Mexique, qui prennent le nom de *Cordillères de Guatemala,* et qui sont en général volcaniques. On y trouve plusieurs lacs, dont le principal est celui de *Nicaragua,* qui communique avec la *mer des Antilles* par la rivière *Saint-Jean.*

L'importance de cet isthme, qui sépare les deux océans, égale celle de l'isthme de Suez. Une communication navigable entre l'Atlantique et le Pacifique à travers l'Amérique centrale épargnerait aux navires le long détour du cap Horn, comme le canal de Suez leur épargne celui du cap de Bonne-Espérance. Aussi de nombreux projets ont-ils été proposés : on avait même songé à profiter de la rivière *Saint-Jean,* et du lac de *Nicaragua,* mais aujourd'hui, grâce à M. de Lesseps, le créateur du canal de Suez, le tracé du canal interocéanique est fixé par l'isthme de Panama : un chemin de fer rattache déjà les deux océans, et attire une partie du transit de la Californie et de l'Amérique du Sud. Les deux ports auxquels il aboutit sont : **Panama** sur l'océan Pacifique, et **Colon** ou **Aspinwall** sur la mer des Antilles.

États de l'Amérique centrale.—L'Amérique centrale se divise en cinq républiques indépendantes, dont la population est en majorité d'origine espagnole ou indienne.

1° Le **Guatemala** qui touche aux deux mers ; capitale *Guatemala*.

2° Le **San-Salvador** sur l'océan Pacifique ; capitale *San-Salvador*, port principal *la Union*.

3° Le **Honduras** sur les deux mers ; capitale *Comayagua*.

4° Le **Nicaragua** sur les deux mers ; capitale *Managua*, ports principaux, *Grey-Town*, sur la mer des Antilles, et *Saint-Jean du Sud,* sur l'océan Pacifique.

5° Le **Costa-Rica** sur les deux mers ; capitale *San-José*, port principal *Punta-Arenas*, sur l'océan Pacifique.

Colonie anglaise de Balize. — L'Angleterre possède sur le golfe de *Honduras*, au nord du Guatemala, la colonie de *Balize*, riche en acajou et en bois de teinture.

III

ANTILLES ou INDES OCCIDENTALES

On appelle **Antilles** ou Indes occidentales, une longue chaîne d'îles volcaniques, qui s'étendent entre l'Amérique du Sud et l'Amérique du Nord, depuis les bouches de l'*Orénoque* jusqu'au canal de *Bahama*, au sud de la *Floride,* et qui sont baignées à l'est par l'océan Atlantique, à l'ouest par la mer des Antilles.

Principales divisions. Lucayes. — Les principales divisions des Antilles sont :

1° Au nord-est, les îles *Lucayes* ou *Bahama*, possession anglaise.

Grandes Antilles. — 2° Au centre, les **Grandes Antilles**, qui comprennent : l'île de **Cuba :** capitale *la Havane,* villes principales *Matanzas* et *Santiago ;* séparée du Mexique par le canal de *Yucatan*, et appartenant à l'**Espagne**.

L'île de **Porto-Rico**, possession espagnole; capitale *Saint-Jean*.

L'île de la **Jamaïque**, au sud de Cuba; capitale *Kingston*, possession anglaise.

L'île **Haïti**, entre Cuba et Porto-Rico, divisée en deux républiques indépendantes, fondées par les nègres et les hommes de couleur : à l'ouest, la république de **Haïti** (partie française); capitale *Port-au-Prince;* villes principales *le Cap*, et *Jacmel;* à l'est la république de **Saint-Domingue** (partie espagnole), capitale *Saint-Domingue*.

Petites Antilles. — 3° Au sud les **Petites Antilles**, dont les principales sont :

Aux **Anglais :** *La Trinité*, la *Grenade*, *Saint-Vincent*, *Sainte-Lucie*, *Tabago*, la *Barbade*, la *Dominique*, *Antigoa*, *Barboude*, *Montserrat*, *Saint-Christophe*.

Aux **Français :** la *Martinique* (163,000 h.); capitale *Fort-de-France*, ville principale *Saint-Pierre*.

La *Guadeloupe* (185,000 h.), divisée en deux parties, *Basse-Terre* et *Grande-Terre*, par le détroit de la rivière Salée ; capitale *Basse-Terre*, ville principale *Pointe-à-Pitre*.

Les petites îles de la *Désirade*, de *Marie-Galande*, des *Saintes*, de *Saint-Barthélemy*, et une partie de l'île *Saint-Martin*.

Aux **Hollandais :** *Curaçao*, *Saint-Eustache*, *Saba*, et une partie de *Saint-Martin*.

Aux **Danois :** *Sainte-Croix*, *Saint-Jean* et *Saint-Thomas*, capitale *Saint-Thomas*, port franc, l'un des plus fréquentés des Antilles.

Production. — Les Antilles produisent le café, le sucre, le cacao, le coton, les bois de teinture et d'ébénisterie, le tabac, les épices, et fabriquent le tafia et le rhum (eaux-de-vie de canne à sucre).

Population. — La population se compose d'un petit nombre de blancs et d'une immense majorité de noirs ou de métis, descendants des anciens esclaves.

CHAPITRE IV (N° 16)

AMÉRIQUE DU SUD.

RÉGION DU NORD-EST

La région du nord-est de l'Amérique du Sud appartient au bassin de deux grands fleuves tributaires de l'Atlantique, l'*Orénoque,* et le *fleuve des Amazones.*

L'Orénoque. — Le bassin de l'*Orénoque,* est limité à l'ouest par les *Cordillères orientales ;* au sud par une chaîne de collines et de plateaux qui le sépare du bassin de l'Amazone.

Le fleuve coule de l'ouest à l'est, et sa véritable source devrait être placée au pied des Cordillères, non loin de *Santa-Fé de Bogota.* Un canal naturel, le *Rio Cassiquiari* le fait communiquer avec un des affluents de l'Amazone, le *Rio Negro.*

Au bassin de l'Orénoque peuvent se rattacher les bassins secondaires de la *Magdalena,* qui coule dans l'étroite vallée formée par les Cordillères orientales et les Cordillères occidentales, et qui se jette dans la mer des Antilles ; et des fleuves moins importants qui arrosent les Guyanes, et se jettent dans l'Atlantique au sud de l'Orénoque, tels que l'*Essequibo,* le *Maroni,* l'*Oyapok.*

Les Llanos. — La partie méridionale du bassin de l'Orénoque est occupée presque tout entière par d'immenses plaines qui portent le nom de *Llanos,* sablonneuses pendant la saison sèche, couvertes de hautes herbes après la saison des pluies, et dont l'aspect rappelle celui des steppes de l'Asie.

Le bassin de l'Orénoque comprend trois grandes divisions politiques.

I

ÉTATS-UNIS DE COLOMBIE OU NOUVELLE-GRENADE
(3,000,000 d'habitants d'origine espagnole ou indienne.)

La confédération de la **Nouvelle-Grenade,** ou États

Unis de Colombie, est bornée au nord par l'Amérique centrale, le golfe de *Darien,* et la *mer des Antilles ;* à l'est par le Vénézuéla et le Brésil : au sud par la république de l'Equateur ; à l'ouest par l'océan Pacifique et le golfe de *Panama.*

Elle est arrosée par la *Magdalena,* par le cours supérieur des affluents de l'Orénoque, et traversée du nord au sud par la chaîne des Cordillères.

La capitale fédérale est *Santa-Fé de Bogota,* dans la vallée de la Magdalena ; les principaux ports sont : sur la mer des Antilles, *Savanilla, Sainte-Marthe, Carthagène,* et *Colon* ou *Aspinwall* (isthme de Panama) : sur l'océan Pacifique, *Panama* réuni à Colon par un chemin de fer, et point de départ des grandes lignes de navigation du Pacifique.

II

VÉNÉZUÉLA (2,000,000 habitants d'origine espagnole ou indienne.)

La république du **Vénézuéla** est bornée au nord par la mer des Antilles et par l'Atlantique, à l'est par la Guyane anglaise, au sud par le Brésil, à l'ouest par la Nouvelle-Grenade. Elle est arrosée par l'*Orénoque.*

La capitale est *Caracas,* non loin de la mer des Antilles avec le port de *la Guayra :* les principaux ports sont : *Maracaïbo,* sur le lac ou golfe de Maracaïbo, *Puerto Cabello,* sur la mer des Antilles, *Bolivar,* sur l'Orénoque.

III

On donne le nom de **Guyanes** à un vaste territoire qui s'étend sur le littoral de l'Atlantique entre les bouches de l'Orénoque et celles de l'Amazone, région couverte de forêts et de marécages, et dont l'intérieur est à peine connu.

1° A l'ouest, la **Guyane Anglaise,** capitale *Stabrock,* ou *Georges-Town.*

2° Au centre la **Guyane Hollandaise,** capitale *Pamararibo,* ou *Surinam,* sur le fleuve Surinam.

3° A l'est la **Guyane Française**, colonie pénitentiaire qui ne compte pas, en y comprenant les déportés, plus de 27,000 habitants appartenant à la colonie ; capitale *Cayenne*, dans une île insalubre : principaux établissements : *Saint-Laurent*, *Oyapok*, etc.

Productions. — Les principales productions du *bassin de l'Orénoque* sont : le café, le cacao, le tabac, le sucre, le coton, les bois de teinture ou de construction, les peaux brutes, et les minerais d'or et d'argent.

EMPIRE DU BRÉSIL (11,000,000 d'habitants d'origine portugaise, indienne, ou de race nègre.)

Le fleuve des Amazones. — Le bassin du *fleuve des Amazones* est limité à l'ouest par la chaîne des *Andes* ou *Cordillères*, au nord par les collines qui bordent la vallée de l'Orénoque, au sud par la Sierra de *Cochabamba* les plateaux de *Parexis* et une chaîne qui se dirige du sud au nord-est, et vient se terminer au cap *Saint-Roch* sur l'Atlantique.

Le fleuve qui prend sa source dans les Andes du Pérou coule d'abord du sud au nord sous les noms d'*Apurimac* et d'*Ucayale*, puis, à partir de sa jonction avec le *Maragnon*, se dirige de l'ouest à l'est sous le nom de *Rio Solimoëns* et de *fleuve des Amazones*, et vient se jeter dans l'Atlantique par deux bouches principales qui embrassent l'île *Marajo*. Il reçoit à droite le *Purus*, la *Madeira*, le *Tapajos*, le *Chingou*, et le *Tocantins*, à gauche le *Yapura* et le *Rio-Negro*.

Au bassin principal de l'Amazone se rattachent les bassins secondaires du *Rio Parahyba* et du fleuve *Saint-François*, qui coule entre deux chaînes de montagnes, dont l'une forme la ceinture orientale du bassin de l'Amazone et l'autre longe la côte de l'Atlantique.

Brésil. — Cet immense bassin appartient presque tout entier à l'*Empire du Brésil*, le plus vaste de l'Amérique du Sud, dont la superficie couvre plus de 8 millions de kilomètres carrés, un peu moins de la moitié de celle de l'Amérique méridionale.

L'*Empire du Brésil* est borné au nord par le Vénézuéla et les Guyanes, à l'est par l'océan Atlantique, au sud par l'*Uruguay* et le *Paraguay*, à l'ouest par la *Confédération Argentine*, la *Bolivie*, le *Pérou*, et la *Nouvelle-Grenade*.

Outre la plus grande partie du cours de l'Amazone et de ses affluents, il possède le fleuve *Saint-François* et le cours supérieur de l'*Uruguay*, du *Parana* et du *Paraguay*.

La région orientale et méridionale est accidentée, coupée de vallées fertiles, de nombreuses chaînes de montagnes, de plateaux arides, comme celui de *Parexis*. La région septentrionale et occidentale, qui forme le bassin de l'Amazone, est couverte de vastes savanes, de marécages et de forêts.

Villes principales. — La capitale de l'Empire du Brésil est **Rio-Janeiro** (380,000 h.), le premier port de l'Amérique du Sud.

Les principaux ports de commerce sont, du nord au sud : *Para* ou *Belem*, sur le bras méridional de l'Amazone ; *Saint-Louis de Maragnan*, *Pernambouc*, *Bahia* ou *San-Salvador*, *Santos* et *Rio-Grande du Sud*.

Les villes les plus importantes de l'intérieur sont : *Barro do Rio-Negro*, au confluent du Rio-Negro et de l'Amazone ; *Saint-Paul*, au sud-ouest de Rio-Janeiro ; *Uro Preto*, dans la province de Minas-Geraes.

Productions. — Les principales productions du Brésil sont : le sucre, le café, le coton, le tabac, les bois de teinture, le caoutchouc, les peaux brutes, les diamants, les minerais d'or, de fer et de cuivre.

CHAPITRE V (N° 17)

RÉGION DU SUD-EST

I

BASSIN DE LA PLATA.

Le Rio de la Plata. — Au sud du bassin de l'Amazone s'étend celui du *Rio de la Plata*, limité au nord par les montagnes qui forment la ceinture méridionale des bassins du fleuve Saint-François et de l'Amazone, à l'ouest par les Andes du Pérou et du Chili, qui se prolongent jusqu'à la pointe de l'Amérique.

Le **Rio de la Plata**, qui se jette dans l'océan Atlantique par une large embouchure, est formé par la réunion de l'*Uruguay* et du *Parana*, qui reçoit lui-même sur sa rive droite le *Paraguay*, grossi du *Rio Vermejo* et du *Pilcomayo*.

Les Pampas. — Une partie de ce bassin est occupée par des plaines immenses, où la terre, imprégnée de sel, n'est couverte que d'une maigre végétation, et qui portent le nom de *pampas :* c'est là que paissent les innombrables troupeaux de bœufs, de chevaux et de moutons qui font la richesse des régions de la Plata.

Au bassin du Rio de la Plata se rattachent au sud les bassins secondaires du *Rio Colorado* et du *Rio Negro*, qui se jettent dans l'Atlantique.

Le bassin de la Plata comprend :

Paraguay. — 1° Entre le Brésil au nord et à l'est, les Provinces-Unies de la Plata au sud et à l'ouest, le **Paraguay** (300,000 h.), république indépendante, arrosée par le Paraguay et le Parana : capitale *Assomption*, sur le Paraguay.

La Plata. — 2° Les **Provinces-Unies de la Plata** ou **Confédération Argentine** (2,000,000 d'h.) capitale *Buenos-Ayres* (200,000 h.), sur le Rio de la Plata, habitée par de nombreux émigrants français, italiens et allemands ; villes principales *Parana*, sur la rive gauche, et *Santa-Fé*, sur la rive droite du Parana, *Mendoza*, *Cordova*, dans l'intérieur.

Uruguay. — 3° La **République de l'Uruguay**, (450,000 h.), entre le Brésil au nord, l'Atlantique à l'est, le Rio de la Plata au sud, et la Confédération argentine à l'ouest ; capitale *Montevideo*, port à l'embouchure du Rio de la Plata (92,000 h.).

Patagonie. — 4° Les bassins des fleuves secondaires situés au sud du Rio de la Plata et à l'est des

Andes appartiennent à la **Patagonie**, région aride et pierreuse parcourue par les tribus nomades des Indiens *Puelches* et *Patagons*.

Le Cap Horn. — A la Patagonie se rattachent deux archipels : l'un situé à l'ouest, dans l'océan Pacifique, celui de la *Mère de Dieu* ; l'autre au sud, entre l'océan Pacifique et l'océan Atlantique, l'*Archipel Magellanique*, dont l'île la plus considérable, la *Terre de Feu*, est séparée du continent par le détroit de *Magellan*. Ce long canal sinueux, découvert en 1519 par le navigateur qui lui donna son nom, fait communiquer l'océan Atlantique avec l'océan Pacifique. Au sud de la Terre de Feu est située une île ou plutôt un rocher gigantesque, le cap *Horn*, qui marque l'extrémité méridionale de l'Amérique.

Les îles Falkland. — Enfin, à l'est du détroit de Magellan, les Anglais ont colonisé les îles *Falkland* ou *Malouines*, importantes par leur position sur la route du cap Horn, et comme relâche pour les baleiniers des mers Australes.

II

COTE DU PACIFIQUE.

Les Cordillères. — Sur la côte occidentale de l'Amérique du Sud s'étend une étroite lisière de plaines dominées par une longue chaîne de montagnes qui ne sont que la prolongation de celles de l'Amérique du Nord et de l'Amérique centrale, et que l'on désigne sous le nom de *Cordillères des Andes*. Elles portent successivement, à partir de l'isthme de Panama, le nom de *Cordillères occidentales, centrales et orientales, de la Nouvelle-Grenade ;* de Cordillères de *Quito* avec les sommets volcaniques du *Chimborazo* (6,500 mètres), du *Cotopaxi* (5,750 mètres), de l'*Antisana*, du *Pichincha ;* de Cordillères du *Pérou*, dont les plateaux sont dominés par les pics d'*Ilimani*, de *Sorata* (6,480 mètres), et renferment le grand lac *Titicaca* et d'innombrables lagunes ; enfin, de Cordillères du *Chili* (volcan *Aconcagua* (6,834 mètres) et *Cerro del Mercedario* (6,798 mètres), dont les cimes volcaniques s'abaissent en descendant vers le sud.

Ce versant n'a que des torrents qui se précipitent dans l'océan Pacifique des terrasses des Cordillères.

Les États de cette côte sont, du nord au sud :

1° **La République de l'Équateur** (1,250,000 h.), entre la Nouvelle-Grenade au nord, le Brésil à l'est, le Pérou au sud, et l'océan Pacifique, à l'ouest : capitale *Quito;* port principal, *Guayaquil.*

2° **La République du Pérou** (3,000,000 d'h.), entre l'Équateur au nord, le Brésil et la Bolivie à l'est, la Bolivie au sud, et l'océan Pacifique à l'ouest, arrosée par le cours supérieur du fleuve des *Amazones* et du *Maragnon;* capitale *Lima*, avec le port de *Callao;* villes principales *Cuzco*, et *Arequipa*, dans l'intérieur ; *Truxillo, Pisco, Arica* et *Islay* sur la côte. Le Pérou possède des îles importantes par leurs gisements de guano qui forment avec les mines d'argent et de cuivre, les gisements de salpêtre, la culture de la canne à sucre et du coton, la récolte du quinquina, et la laine des troupeaux, la principale richesse du pays.

3° **La République de Bolivie** (2,300,000 hab.), entre le Brésil au nord et à l'est, les États de la Plata et le Chili au sud, l'océan Pacifique et le Pérou à l'ouest, arrosée par le cours supérieur du *Purus,* de la *Madeira,* et du *Pilcomayo,* qui descendent des monts les plus élevés des Andes : capitale *la Paz;* villes principales *Sucre* (*Chuquisaca*), *Potosi* dans l'intérieur, et *Cobija* sur la côte. Les mines d'argent, d'étain et de cuivre, la laine et le quinquina sont les principaux produits de la Bolivie.

4° **La République du Chili** (2,200,000 h.) entre la Bolivie au nord, les Etats de la Plata et la Patagonie à l'est et au sud, et l'océan Pacifique à l'ouest ; capitale *Santiago ;* villes principales *Valparaiso, Coquimbo, Valdivia,* sur la côte.

L'île *Chiloé* dépend du Chili.

Les mines de cuivre et d'argent, la laine, les céréales et les vins sont les principaux produits.

CHAPITRE VI (N° 18).

RÉCAPITULATION DE L'AMÉRIQUE.

L'Amérique se compose de deux continents, l'*Amérique du Nord*, vaste quadrilatère de 20 millions de kilom. carrés sans y comprendre les terres arctiques, et l'*Amérique du Sud*, qui forme un triangle de 18 millions de kilom. carrés. Ces deux continents sont rattachés par l'isthme de l'Amérique centrale, dont la partie la plus étroite, l'isthme de *Panama,* n'a pas 60 kilomètres de largeur.

Amérique du Nord : mers, îles. — 1° L'Amérique du Nord est baignée au nord par l'**océan Glacial arctique**, qui pénètre profondément dans les terres entre la presqu'île du Labrador et la Nouvelle-Bretagne par le détroit d'*Hudson* et la *mer d'Hudson*, et qui forme sur les côtes du Groenland la mer de *Baffin* et la mer polaire.

La mer de Baffin communique avec la partie occidentale de l'océan Glacial par les détroits de *Lancastre,* de *Barrow,* de *Mac-Lure* et du *Prince-de-Galles,* qui séparent la terre de North-Devon, l'île Bathurst et l'île Melville, de la terre de Cockburn, de l'île du Prince-de-Galles et de l'île de Banks (*passage nord-ouest*).

L'océan Glacial arctique communique avec l'océan Atlantique, qui baigne à l'est l'Amérique du Nord, par le *détroit de Davis,* entre le Groenland et la terre de Cumberland.

2° L'**océan Atlantique** forme le *golfe du Saint-Laurent,* entre la presqu'île du Labrador et celle de la Nouvelle-Ecosse, les *baies de la Delaware* et de *Chesapeake,* le golfe du *Mexique* et la *mer des Antilles,* qui baignent au sud l'Amérique du Nord.

L'océan Atlantique communique avec le golfe du Mexique par le *canal de Bahama,* entre la presqu'île de Floride et les îles Bahama ; le golfe du Mexique communique avec la mer des Antilles par le canal de *Yucatan,* entre la presqu'île de Yucatan et l'île de Cuba.

Les principales îles de l'océan Atlantique sont les îles de *Terre-Neuve*, *Anticosti*, du *Prince-Édouard*, du *Cap-Breton*, *Saint-Pierre*, et les îles *Miquelon* dans le golfe du Saint-Laurent ; les îles *Bermudes*, et les *Antilles*, baignées par le golfe du Mexique et la mer des Antilles à l'ouest, l'Atlantique proprement dit à l'est, et subdivisées en îles *Lucayes* ou *Bahama*, *Grandes Antilles* (Cuba, Haïti, Porto-Rico, la Jamaïque) et *Petites Antilles*.

L'océan Atlantique est séparé de l'océan Pacifique par l'isthme de l'Amérique centrale, qui se termine par celui de *Panama*.

3° **L'océan Pacifique** baigne à l'ouest l'Amérique du Nord ; il communique par le détroit de *Behring* avec l'océan Glacial, et forme sur les côtes de l'Amérique du Nord le golfe de *Tehuantepec* (Mexique), la mer *Vermeille* ou *golfe de Californie*, entre la presqu'île de Vieille-Californie et le Mexique, et la *mer de Behring*.

Les principales îles sont les îles *Aléoutiennes*, l'*Archipel du Roi-Georges* et du *Prince-de-Galles* (territoire d'Alaska), l'*île de la Reine Charlotte* et l'*île Vancouver* (Nouvelle-Bretagne).

Caps. — Les principaux caps de l'Amérique du Nord sont le cap *du Prince-de-Galles*, à l'entrée du détroit de Behring, et le cap *Saint-Lucas*, au sud de la Vieille-Californie (océan Pacifique) ; le cap *Catoche*, à l'extrémité de la presqu'île de Yucatan, et le cap *Sable*, à l'extrémité de la presqu'île de Floride (golfe du Mexique), le cap *Hatteras*, à l'entrée de la baie de *Chesapeake* (Etats-Unis), le cap *Race*, à la pointe orientale de Terre-Neuve, le cap *Charles*, à l'est de la presqu'île du Labrador (Nouvelle-Bretagne), et le cap *Farewell*, à la pointe méridionale du Groenland (océan Atlantique).

Montagnes et fleuves. — L'Amérique du Nord est divisée en deux grands versants, celui du Pacifique à l'ouest, celui de l'océan Glacial et de l'Atlantique à l'est, par la chaîne des *Montagnes Rocheuses*, qui se prolonge du nord au sud, par les *Cordillères du Mexique* et du *Guatémala*. Les plus hauts sommets des Montagnes

Rocheuses atteignent 5,000 mètres : les points les plus élevés du continent sont les volcans *Popocatepetl* (5,500 mètres) au Mexique, et *Saint-Elie* (5,200 mètres) dans le territoire d'Alaska.

Le versant de l'*océan Glacial* n'est séparé de celui de l'Atlantique que par des collines qui traversent le continent de l'ouest à l'est.

Le *versant du golfe du Mexique* est déterminé à l'ouest par les Montagnes Rocheuses, à l'est par la chaîne des monts *Alleghanys* et des *Apalaches,* parallèle au littoral de l'Atlantique.

Les principaux fleuves sont :

1° Dans le **versant de l'océan Pacifique**, le *Frazer*, l'*Orégon* grossi de la *Rivière Lewis,* le *Sacramento* et le *Rio Colorado* qui descendent des Montagnes Rocheuses.

2° Dans le **versant de l'océan Glacial**, le *Mackensie*, dont les affluents forment le lac du *Grand-Ours,* le lac de l'*Esclave* et le lac *Athabaska*, et qui coule du sud au nord, et le *Nelson*, qui forme, sous le nom de *Saskatchaouan* les deux lacs *Ouinnipeg*, et qui coule de l'ouest à l'est dans la mer d'Hudson. Ces cours d'eau prennent également ment leur source dans les Montagnes Rocheuses.

3° Dans le **versant de l'océan Atlantique**, le *Saint-Laurent,* déversoir des cinq grands lacs : *Ontario*, *Erié*, rattachés par la cataracte du Niagara, *Huron*, *Michigan* et *Supérieur ;* l'*Hudson*, la *Delaware*, le *Potomac*, la *rivière James :* ces derniers descendent des monts Alleghanys.

4° Dans le **versant du golfe du Mexique**, le *Rio-Bravo del Norte,* et le *Mississipi,* qui prend sa source dans le plateau situé à l'ouest du lac Supérieur, coule du nord au sud, et reçoit à droite le *Missouri*, grossi de la *Nebraska* et du *Kansas*, l'*Arkansas*, et la *Rivière Rouge,* sortis des montagnes Rocheuses, et à gauche l'*Illinois* et l'*Ohio* grossi du *Tennessee.* Si l'on y ajoute le cours du Missouri, le Mississipi est le plus long des fleuves de l'Amérique du Nord et des cinq parties du monde (7,600 kilomètres).

Amérique du Sud, limites, mers îles. — L'A.

mérique du Sud est bornée au nord par l'isthme de Panama et la *mer des Antilles*, qui forme le *golfe de Darien* (Nouvelle-Grenade) ; au nord-est et à l'est, par l'*Atlantique* qui forme les golfes ou estuaires de l'*Amazone*, et du *Rio de la Plata ;* au sud, par le détroit de *Magellan*, à l'ouest par l'*océan Pacifique*, qui forme les golfes de *Guayaquil* et de *Panama*.

Iles. — Les principales îles sont : dans l'océan Atlantique, les îles *Falkland* ou *Malouines*, la *Terre de Feu*, et l'*Archipel Magellanique*.

Dans l'océan Pacifique, l'*Archipel de la Mère de Dieu*, l'île *Chiloé*, et les îles *Juan-Fernandez*.

Caps. — Les principaux caps sont : le cap *Saint-Roch*, extrême pointe du Brésil, et le cap *Horn*, au sud de la Terre de Feu (Atlantique) ; à l'ouest le cap *Blanc*, le cap *Saint-François* (Pérou et Equateur), et le cap *Corrientes* (Nouvelle-Grenade), dans l'océan Pacifique.

Montagnes. — L'Amérique du Sud est divisée en deux versants par la *Cordillère des Andes*, prolongement des montagnes Rocheuses, dont les principaux sommets (*volcans du Chimborazo, du Cotopaxi, pics de Sorata*, et d'*Ilimani, volcans Aconcagua* et *Cerro del Mercedario*), varient entre 6,000 et 6,800 mètres.

Le versant de l'océan Pacifique n'a pas de fleuves importants.

Le versant de l'océan Atlantique est divisé en trois grands bassins, par des chaînes qui se détachent des Andes et courent de l'ouest à l'est ; une chaîne parallèle à la côte longe le littoral de l'Atlantique entre les bouches de l'Amazone et celles du Rio de la Plata.

Fleuves. — Les principaux fleuves sont : dans le **bassin de la mer des Antilles**, la *Magdalena ;*

Dans le **versant de l'Atlantique**, l'*Orénoque*, qui descend en réalité des Andes, mais qui, suivant le système ordinairement admis, prendrait sa source dans les montagnes de la *Parime*, au sud du Vénézuela. Il coule du sud au nord, puis de l'ouest à l'est ;

Le *Fleuve des Amazones*, qui prend également sa source

dans les Andes, et reçoit à gauche le *Rio Negro*, et le *Maragnon*; à droite le *Purus*, la *Madeira*, le *Tapajos*, le *Chingou* et le *Tocantins;* le *fleuve Saint-François*, (Brésil); le *Rio de la Plata*, formé de la réunion de l'*Uruguay*, et du *Parana* qui reçoit à droite le *Paraguay*, grossi du *Pilcomayo* et du *Rio Vermejo*.

Lacs. — Les plus grands lacs de l'Amérique du Sud sont les lacs de Patagonie, et le lac *Titicaca* (Pérou), situé dans les Andes, à une hauteur de près de 4,000 mètres.

Population. — La population totale de l'Amérique atteint aujourd'hui 100 millions d'habitants.

Les races indigènes, qui ont disparu devant l'invasion européenne, ou qui se sont peu à peu mélangées avec les Européens, ne comptent que pour une quinzaine de millions.

Les nègres, encore esclaves à Cuba et au Brésil, émancipés aux Etats-Unis, aux Antilles, et dans le reste de l'Amérique sont au nombre de huit ou neuf millions.

La Nouvelle-Bretagne et les Etats-Unis sont peuplés par des colons d'origine européenne, anglais, allemands, irlandais, français : la langue anglaise y domine.

Le Mexique, l'Amérique centrale, et l'Amérique du Sud sont peuplés par des colons d'origine espagnole, le Brésil par des Portugais.

La religion catholique est dominante dans l'Amérique du Sud et l'Amérique centrale, la religion protestante aux Etats-Unis et dans la Nouvelle-Bretagne.

Colonies européennes. — Les colonies européennes sont :

1° **Aux Anglais :** la *Nouvelle-Bretagne* (Amérique du Nord), — *Balize* (Amérique centrale), — les îles *Bermudes*, — les îles *Bahama*, — la *Jamaïque*, — la *Trinité*, — la *Barbade*, — *Saint-Vincent*, — *Sainte-Lucie*, — *Tabago*, etc. (Antilles).

La *Guyane anglaise*, et les îles *Falkland* (Amérique du Sud).

2° **Aux Danois :** l'*Islande*, et le *Groënland* (Terres

arctiques), *Saint-Jean, Saint-Thomas,* et *Sainte Croix,* aux Antilles.

3° Aux **Espagnols :** les îles *de Cuba,* et de *Porto-Rico.*

4° Aux **Français :** les îles *Saint-Pierre* et *Miquelon ;* la *Martinique,* la *Guadeloupe, Saint-Barthélemy,* etc., aux Antilles : la *Guyane française* (Amérique du Sud).

5° Aux **Hollandais :** les îles *Curaçao, Saint-Eustache, Saba,* etc., aux Antilles ; et la *Guyane hollandaise.*

RÉSUMÉ.

AMÉRIQUE DU NORD.

Région septentrionale.

N° 12

Terres Arctiques. *Possessions Danoises.* Le *Groenland. Ville principale :* Upernawick. L'île d'*Islande, Capitale :* Reikiawick.

Terres inhabitées. Terre de Baffin, île Bathurst, île Melville, Terre de Banks, Terres de Grinnell, d'Ellesmere, etc.

Territoire d'Alaska (Etats-Unis). Entre l'océan Glacial au nord, la Nouvelle-Bretagne à l'est et au sud, le détroit de Behring et l'océan Pacifique à l'ouest. *Capitale,* Sitka.

Nouvelle-Bretagne. *Possession anglaise.* Entre l'océan Glacial au nord, l'Atlantique à l'est, les Etats-Unis au sud, l'océan Pacifique et le territoire d'Alaska à l'ouest.

Confédération de huit provinces : au nord, *territoires de la baie d'Hudson* et *Labrador ;* à l'ouest, *Colombie* et île *Vancouver, Ville principale :* Victoria ; à l'est, île du *Prince-Edouard ; Nouvelle-Ecosse, Capitale,* Halifax, sur l'Atlantique ; *Nouveau Brunswick, Capitale,* Frédéricktown ; *Bas-Canada, Capitale,* Québec, *Ville principale :* Montréal, sur le Saint-Laurent ; au sud, *Haut-Canada, Villes principales :* Ottawa, capitale de la confédération, Toronto, sur le lac Ontario ; *territoire de la rivière Rouge* ou *Manitoba.* L'île de *Terre-Neuve, Capitale,* Saint-Jean, ne fait pas partie de la confédération. (4,000,000 d'habitants d'origine anglaise, française et indienne. Protestants et catholiques.)

Région centrale.

N°ˢ 13 et 14

Etats-Unis. Entre l'Atlantique à l'est, le golfe du Mexique et le Mexique au sud, l'océan Pacifique à l'ouest, la Nouvelle-Bretagne au nord. — République fédérale comprenant 38 Etats

et 10 territoires. *Capitale*, Washington, sur le Potomac. *Ports principaux :* Boston, New-York (1,700,000 habitants), la plus grande ville d'Amérique: Philadelphie. Baltimore. Charleston, Savannah sur l'*Atlantique; Mobile*, Nouvelle-Orléans, à l'embouchure du Mississipi, Galveston sur le *golfe du Mexique*, San-Francisco à l'embouchure du Sacramento, sur l'*océan Pacifique*.
— *Villes de l'intérieur :* Saint-Louis sur le Mississipi; Pittsbourg, Cincinnati, Louisville, sur l'Ohio, Richmond, sur la rivière James, Sacramento sur le Sacramento, Chicago sur le lac Michigan, Cleveland et Buffalo sur le lac Erié. 50 millions d'habitants en majorité protestants, dont 300,000 indiens et 6 millions de nègres ou mulâtres ; le reste d'origine européenne (anglais, irlandais, allemands, français, etc.).

Région méridionale.
N° 15.

Mexique. République fédérale entre les Etats-Unis au nord, l'océan Pacifique à l'ouest, le golfe du Mexique à l'est, l'Amérique centrale au sud. *Capitale*, Mexico. *Ports principaux :* Vera-Cruz, Tampico sur le golfe du Mexique, Acapulco, Mazatlan sur le Grand-Océan.

Villes de l'intérieur : Puebla, Oaxaca, Durango (9,000,000 d'habitants, presque tous catholiques, Indiens, blancs d'origine espagnole, ou métis).

Amérique centrale. Entre le Mexique, la mer des Antilles, l'Isthme de Panama et le Grand-Océan ; divisée en cinq républiques : 1° *Guatémala, Capitale*, Guatémala ; 2° *San-Salvador, Capitale*, San-Salvador ; 3° *Honduras, Capitale*, Comayagua ; 4° *Nicaragua, Capitale*, Managua ; 5° *Costa-Rica, Capitale*, San-José, et une *colonie anglaise :* Balize.

Lucayes ou *Bahama* (possession anglaise).

Grandes Antilles : *Cuba* (colonie espagnole), *Capitale*, la Havane ; *Porto-Rico* (colonie espagnole) ; la *Jamaïque* (colonie anglaise), *Capitale*, Kingston ; *Haïti*, divisée en deux républiques indépendantes, fondées par les noirs : *République haïtienne, Capitale*, Port-au-Prince, *Ville principale :* le Cap : *République dominicaine, Capitale*, Saint-Domingue.

Petites Antilles : Trinité, Grenade, Saint-Vincent, Sainte-Lucie, Tabago, la Dominique, la Barbade, Saint-Christophe, Antigoa, *aux Anglais.*

La Martinique, *Capitale*, Fort-de-France : La Guadeloupe, *Capitale*, Basse-Terre, *Ville principale*, Pointe-à-Pitre, la Désirade, Marie-Galande, les Saintes, Saint-Barthélemy et partie de Saint-Martin, *aux Français.*

Curaçao, Saint-Eustache, Saba, partie de Saint-Martin, *aux Hollandais.*

Saint-Jean, Sainte-Croix. Saint-Thomas, *aux Danois.*

AMÉRIQUE DU SUD.
Région du nord-est.

N° 16.

I. République fédérale de la Nouvelle-Grenade ou **Etats-Unis de Colombie,** entre le Costa Rica et la mer des Antilles au nord, le Vénézuéla à l'est, la république de l'Equateur au sud, l'océan Pacifique à l'ouest. *Capitale, Santa-Fé de Bogota. Villes principales :* Carthagène, Saint-Marthe, Savanilla et Colon, sur la mer des Antilles, Panama sur le Pacifique. (3 millions d'Indiens et de créoles espagnols, catholiques.)

II. République de Vénézuéla. Entre la mer des Antilles et l'Atlantique au nord, la Guyane à l'est, le Brésil au sud, la Nouvelle-Grenade à l'ouest. *Capitale, Caracas. Villes principales :* la Guayra, Puerto-Cabello, Maracaïbo sur la mer des Antilles. (2,000,000 créoles espagnols, nègres et Indiens, catholiques.)

III. Guyanes. Entre les bouches de l'Orénoque et celles du fleuve des Amazones, divisées en *Guyane anglaise, Capitale,* Georges-Town. *Guyane hollandaise, Capitale,* Paramaribo. *Guyane française, Capitale,* Cayenne.

IV. Empire constitutionnel du Brésil, le plus grand Etat de l'Amérique du Sud. Entre l'Atlantique à l'est, l'Uruguay et le Paraguay au sud, la Confédération argentine, la Bolivie et le Pérou à l'ouest, le Vénézuéla et les Guyanes au nord. *Capitale, Rio Janeiro* (380,000 habitants), la plus grande ville de l'Amérique du Sud. *Villes principales :* Para, Saint-Louis de Maragnan, Pernambouc, Bahia, Santos, Rio Grande du Sud, ports sur l'Atlantique. (11 millions d'habitants, créoles portugais, immigrants européens, nègres, indiens et métis, presque tous catholiques.)

Région du sud-est.

N° 17

I. République du Paraguay. Entre le Brésil et la Confédération argentine. *Capitale, Assomption,* sur le Paraguay. (300,000 habitants, indiens, métis et créoles espagnols.)

II. République de l'Uruguay. Entre l'Atlantique à l'est, le Brésil au nord, la Confédération argentine à l'ouest, le Rio de la Plata au sud. *Capitale, Montevideo,* sur l'Atlantique. (450,000 habitants, dont 160,000 immigrants européens.)

III. Confédération argentine ou **République de la Plata.** Entre la Bolivie au nord, le Chili à l'ouest, la Patagonie au sud, l'Atlantique, l'Uruguay, le Brésil et le Paraguay à l'est. *Capitale*, Buenos-Ayres, sur le Rio de la Plata. *Villes principales :* Parana, Mendoza, Cordova. (2,000,000 d'habitants, créoles espagnols, immigrants européens, et indiens, presque tous catholiques.)

IV. **Patagonie.** Région inculte parcourue par les Indiens nomades, *Puelches* et *Patagons.*

V. **Iles Falkland.** Dans l'Atlantique, *colonie anglaise.*

Côtes de l'océan Pacifique.

I. **République du Chili.** Entre l'océan Pacifique au sud et à l'ouest, les Andes à l'est, la Bolivie au nord. *Capitale*, Santiago. *Ports principaux :* Valparaiso, Valdivia. (2,200,000 habitants, créoles espagnols, immigrants européens, et indiens, catholiques.)

II. **République de Bolivie.** Entre le Brésil au nord et à l'est, la Confédération argentine et le Chili au sud, l'océan Pacifique et le Pérou à l'ouest. *Capitale*, la Paz. *Villes principales :* Sucre et Potosi (2,300,000 habitants, dont 900,000 Indiens).

III. **République du Pérou.** Entre la Bolivie et le Brésil à l'est, la Bolivie au sud, l'océan Pacifique à l'ouest, l'Equateur au nord. *Capitale*, Lima. *Ports principaux :* Callao, Truxillo, Islay, Arica. *Villes de l'intérieur :* Arequipa, Cuzco. (3 millions d'habitants, créoles espagnols, et indiens, catholiques.)

IV. **République de l'Equateur.** Entre l'océan Pacifique à l'ouest, la Nouvelle-Grenade au nord, le Brésil à l'est et le Pérou au sud. *Capitale*, Quito. *Ville principale :* Guayaquil sur l'océan Pacifique. (1,250,000 habitants.)

Récapitulation.
N° 18

AMÉRIQUE DU NORD.

L'Amérique du Nord a pour limites au nord, l'*océan Glacial arctique ;* à l'est. l'*océan Atlantique ;* au sud, le canal de *Bahama* et le détroit de Floride, le *golfe du Mexique*, la mer *des Antilles* et l'isthme de *Panama ;* à l'ouest, l'*océan Pacifique* et le détroit de *Behring.*

Les MERS SECONDAIRES ou grands GOLFES sont : la mer d'*Hudson*, le golfe du *Saint-Laurent*, le golfe du *Mexique* et la *mer des Antilles* formés par l'Atlantique. la mer de *Baffin* formée par l'océan Glacial, le golfe de *Californie* formé par l'océan Pacifique.

Les *principales* PRESQU'ÎLES sont : au nord-est le Labrador, au sud-est la Floride, au sud le Yucatan, à l'ouest la Vieille Californie ; au nord-ouest la presqu'île d'Alaska.

4.

Les *principaux* caps sont : le cap *Farewell* au sud du Groënland, le cap *Charles* à l'est du Labrador, le cap *Hatteras* (Etats-
Unis), et le cap *Sable* au sud de la Floride dans l'Atlantique,
le cap *Saint-Lucas* au sud de la Vieille Californie (océan Pacifique).

Les *principales* îles sont : dans l'Atlantique, *Terre-Neuve* et
les *Bermudes* ; dans le golfe du Mexique et la mer des Antilles,
les îles *Bahama*, les *Grandes* et les *Petites Antilles* ; dans l'o-
céan Glacial le *Groënland* et les Terres arctiques.

La principale chaîne de montagnes qui s'élargit en vastes
plateaux est la chaîne des *Montagnes Rocheuses* et la *Cordillère*
du *Mexique* (point culminant du continent, le *Pupocatepetl*,
5,500 mètres); à l'est de cette chaîne s'étendent les grandes
plaines de la *Nouvelle-Bretagne*, et les *prairies* des *Etats-Unis*,
séparées de l'Atlantique par les plateaux des Apalaches et les
monts *Allgéhanys*.

Les principaux fleuves sont : dans le versant de l'océan
Pacifique le *Youkon*, l'*Orégon* ou *Colombia*, le *Sacramento*,
le *Rio Colorado* : dans le versant de l'océan Glacial le *Mackensie*
déversoir des lacs du *Grand-Ours*, de l'*Esclave* et *Athabaska* :
dans le versant de l'Atlantique, le *Nelson*, déversoir du lac
Ouinnipeg (mer d'Hudson); le *Saint-Laurent*, déversoir des cinq
grands lacs Supérieur, Huron, Michigan, Erié, Ontario (Atlantique) : dans le versant du golfe du Mexique, le *Mississipi*, grossi
à droite du *Missouri*, de l'*Arkansas* et de la *Rivière Rouge*, à
gauche de l'*Ohio*.

La population est d'environ **70** millions d'habitants de race
blanche, rouge (Indiens) ou noire (Nègres amenés autrefois
d'Afrique).

Les végétaux des *pays froids* sont le sapin et le bouleau ;

Ceux des *régions tempérées* sont les céréales, la pomme de
terre, le tabac, et les arbres de nos forêts ;

Ceux des *régions chaudes* sont la canne à sucre, le coton, le
bois d'acajou, les bois de teinture.

Les animaux domestiques sont les mêmes qu'en Europe.

Les animaux sauvages particuliers à l'Amérique du Nord sont
le castor et autres animaux à fourrures, le bison, l'ours blanc,
le caïman et le serpent à sonnettes.

Les principales productions qui intéressent le commerce
européen sont dans le nord : les bois, les fourrures, et les produits de la pêche : dans le centre, les céréales, le tabac, les
viandes salées, le pétrole, l'or et l'argent : dans le sud, le sucre,
le coton, le café, l'acajou, les bois de teinture et l'argent.

AMÉRIQUE DU SUD.

L'Amérique du Sud est bornée au nord par l'*Amérique centrale* et la *mer des Antilles*, à l'est et au sud, par l'*océan Atlan-

tique, à l'ouest, par *l'océan Pacifique* qui forme le golfe de *Panama*.

Le principal DÉTROIT entre l'océan Atlantique et l'océan Pacifique, au sud de l'Amérique, est le détroit de *Magellan*.

Les principales ÎLES sont : dans *l'océan Atlantique*, les îles *Falkland*, la *Terre de Feu*, l'*Archipel Magellanique*;

Dans l'*océan Pacifique*, les îles de *la Mère de Dieu* et l'île *Chiloé*.

Les principaux CAPS sont : le cap *Saint-Roch* (pointe orientale de l'Amérique du Sud), et le cap *Horn* (pointe méridionale de l'Amérique, au sud de la Terre de Feu).

L'Amérique du Sud est divisée en deux versants : à l'ouest celui du Pacifique ; à l'est, celui de l'Atlantique, par la *Cordillère des Andes* jusqu'au cap *Horn*.

La Cordillère qui porte successivement les noms d'*Andes* de la *Nouvelle-Grenade*, de l'*Equateur*, du *Pérou* et du *Chili*, est un énorme plateau dominé par des cimes volcaniques (*Aconcagua*, *Chimborazo*, pics d'*Ilimani* et de *Sorata*, dont quelques-uns dépassent 6,500 mètres).

Le plateau des Andes s'abaisse brusquement vers l'océan Pacifique ; mais dans le versant de l'Atlantique s'étendent d'immenses plaines, élevées, comme le *plateau du Brésil*, ou basses, comme les *Llanos de la Colombie*, la région boisée de l'*Amazone* (Brésil) et les *pampas de la Plata*.

Les principaux FLEUVES sont : dans le versant de la mer des Antilles, la *Magdalena* (Colombie); dans le versant de l'océan Atlantique, l'*Orénoque* (Colombie), le *fleuve des Amazones* (7,000 kilom.), le plus long du monde entier (Pérou, Equateur, Brésil), grossi à droite du Purus, de la Madeira, du Chingou, du Tocantins; à gauche, du Maragnon et du Rio Negro; le *San-Francisco* (Brésil); le *Rio de la Plata* (Confédération Argentine et Uruguay), formé par la réunion de l'*Uruguay* et du *Parana* (Brésil, Paraguay, Confédération Argentine), qui reçoit le *Paraguay* (*id.*).

Le principal LAC est le lac *Titicaca* (Pérou).

La POPULATION est d'environ 28 millions d'habitants de race blanche (portugais ou espagnols d'origine), noire, ou d'origine indienne.

Les principaux PRODUITS de l'Amérique du Sud sont : dans la région du nord et de l'est, le coton, le café, le cacao, la canne à sucre, le tabac, le caoutchouc, les bois de teinture, les laines ; dans la région du sud-est, le bétail (moutons, bœufs, chevaux); dans la région de l'ouest, l'argent, le cuivre, le guano, les céréales et le quinquina.

Les animaux particuliers à ce continent sont : le lama, le jaguar, l'autruche des pampas, le condor et de nombreuses variétés de singes et d'oiseaux aux brillantes couleurs.

Colonies et possessions européennes dans les deux Amériques.

Amérique du Nord. Aux *Anglais* : la Nouvelle-Bretagne, les Bermudes, les Lucayes, la Jamaïque, les Petites-Antilles en partie; Balize (Amérique centrale). — Aux *Français* : la Guadeloupe, la Martinique, la Désirade, Marie-Galande, les Saintes, Saint-Barthélemy (Antilles), Saint-Pierre et Miquelon. — Aux *Espagnols* : Cuba, Porto Rico. — Aux *Hollandais* : Curaçao, Saba, Saint-Eustache. — Aux *Danois* : les établissements du *Groënland*, l'*Islande* (terres arctiques) et les îles de Saint-Thomas, Sainte-Croix et Saint-Jean.

Amérique du Sud. — Aux *Anglais* : Guyane anglaise, îles Falkland. — Aux *Français* : Guyane française. — Aux *Hollandais* : Guyane hollandaise.

Questionnaire.

DESCRIPTION GÉNÉRALE DES DEUX CONTINENTS.

Quelles sont les bornes de l'Amérique du Nord (ou de l'Amérique du Sud)? Quelle en est la superficie? Quelles sont les mers qui la baignent? Indiquer les principaux détroits. — Les principales îles. — Les presqu'îles et caps les plus importants. — Quelle est la ligne générale de partage des eaux? Indiquer les grands versants et les versants secondaires, et les chaines des montagnes qui les déterminent. Quels sont les sommets les plus élevés du continent? Quels sont les fleuves ou rivières les plus considérables? Quelle est la direction générale du... (indiquer le nom du fleuve)? Où prend-il sa source? A quel versant appartient-il? Quelles sont les productions les plus importantes, les principales races domestiques ou sauvages de l'Amérique du Nord ou de l'Amérique du Sud? Quelles sont les principales races humaines qui ont peuplé l'Amérique? Quelles sont les religions dominantes?

QUESTIONNAIRE POUVANT S'APPLIQUER A LA DESCRIPTION PARTICULIÈRE DE CHAQUE ÉTAT.

Quelles sont les bornes de... (indiquer le nom de l'Etat)? Quelles sont les principales chaines de montagnes? les principaux cours d'eau? Indiquer (s'il y a lieu) les îles, presqu'îles, caps importants. — Quelles sont les productions les plus importantes? Existe-t-il des mines d'or ou d'argent? Quelles sont les divisions politiques? Indiquer la capitale et les principales villes (surtout les ports). Quelle est la forme du gouvernement? Quel est le chiffre de la population? Quelle est la race, la langue, la religion dominante? Le pays a-t-il été autrefois soumis à une puissance européenne?

Exercices.

Tracer au tableau les contours de l'Amérique du Nord et de l'Amérique du Sud. — Indiquer sur une carte muette physique les noms des grands cours d'eau et des principales chaines de montagnes. — Indiquer par des teintes différentes les régions qui produisent les céréales, le coton, le café, etc.

LIVRE V

OCÉANIE ET TERRES AUSTRALES

CHAPITRE I (N° 19)

OCÉANIE OCCIDENTALE.

I

MALAISIE.

On désigne sous le nom de **Malaisie**, parce qu'elle est habitée par des peuples de race malaise, la partie nord-ouest de l'Océanie, bornée au sud par la Mélanésie, à l'est par la Micronésie, au nord et à l'ouest par la mer de Chine et l'océan Indien.

Possessions hollandaises. — Les principaux archipels de la Malaisie sont :

1° **L'Archipel de la Sonde**, qui comprend : la grande île de *Sumatra,* séparée de la presqu'île de Malacca par le détroit de Malacca; villes principales *Padang* et *Bencoulen,* chefs-lieux des établissements hollandais, et *Atchim,* capitale d'un Etat aujourd'hui presque entièrement soumis par la Hollande :

La grande île de *Java,* soumise à la Hollande et séparée de Sumatra par le détroit *de la Sonde;* capitale *Batavia,* villes principales *Sourabaya,* et *Samarang ;* l'île de *Banca,* célèbre par ses mines d'étain.

Les îles de *Sumbava, Florès* et *Timor,* qui appartiennent à la Hollande, sauf quelques comptoirs portugais à *Timor.*

2° **L'Archipel des Moluques,** soumis aux Hollandais (*Ternate, Banda, Gilolo, Amboine*).

3° L'île **Célèbes,** capitale *Macassar,* possession hollandaise, séparée de Bornéo par le détroit de *Macassar.*

4° La grande île de **Bornéo,** la plus vaste de la Malaisie, partagée entre les Hollandais au sud-est, et le sultan indépendant de *Bornéo*, au nord-ouest.

Les établissements hollandais, dont le chef-lieu est *Batavia*, ont une population de plus de 24 millions d'habitants. Les principales productions sont : le café, le sucre, le riz, les épices, le coton, l'indigo, la gutta-percha, les diamants et l'étain.

Possessions espagnoles. — 5° L'**Archipel des Philippines,** dont les principales îles sont *Mindanao* et *Luçon*, capitale *Manille*, appartient aux Espagnols qui en tirent du tabac, du café, du coton, des peaux brutes, et des textil

II

MÉLANÉSIE.

On désigne sous le nom de **Mélanésie** la partie sud-ouest de l'Océanie habitée par des peuples de race noire.

Cette région découverte au seizième et au dix-septième siècle par les Espagnols et les Hollandais, fut explorée au dix-huitième par un grand nombre de navigateurs dont les plus célèbres sont le Français *Bougainville* (1766-1769) : l'Anglais *Cook* qui dans ses trois voyages (1768-1772-1776), reconnut les côtes de la Nouvelle-Zélande, découvrit la Nouvelle-Calédonie, et périt en 1779 aux îles Sandwich ; enfin le Français *la Pérouse*, qui, en 1788, fit naufrage sur les côtes de l'île de Vanikoro.

Archipels indépendants. — Les principaux archipels indépendants sont : les *Nouvelles-Hébrides*, l'archipel de *Santa-Cruz*, ou de la Pérouse, les îles *Salomon*, la *Nouvelle-Bretagne*, la grande île de *Papouasie*, ou *Nouvelle-Guinée*, séparée de l'Australie par le détroit de *Torrès*.

Possessions anglaises. — La terre la plus importante de la Mélanésie est le continent de l'**Australie** ou **Nouvelle-Hollande,** borné au nord par le détroit de *Torrès* et le golfe de *Carpentarie*, à l'ouest par l'*océan Indien*, au sud et à l'est par l'*océan Pacifique*, et dont la superficie (7,600,000 kilomètres carrés), est égale aux trois quarts de celle de l'Europe.

La côte orientale est bordée par une chaîne assez élevée qui porte le nom d'*Alpes Australiennes* ou *montagnes Bleues*, et d'où sort un grand fleuve, le *Murray*, qui reçoit le *Darling*, et se jette au sud-est de l'Australie dans l'océan Pacifique. On a reconnu plusieurs lacs qui se dessèchent dans la saison chaude, le lac *Torrens*, le lac *Eyre*, le lac *Amédée*. L'intérieur du continent qui présente des steppes, des landes sablonneuses, des forêts et des marécages, sans grands cours d'eau et sans montagnes élevées, est encore imparfaitement connu, malgré les explorations hardies de *Landsborough*, de *Kennedy*, de *Leichardt*, de *Burke*, de *Mac-Donall-Stuart*, qui en 1863 a traversé le continent du nord au sud, depuis Adélaïde jusqu'au golfe de Carpentarie, de *Giles*, de *Warburton*, de *Forrest*, qui ont surtout visité la région centrale et occidentale.

L'Australie a été en partie colonisée par l'Angleterre.

Les possessions anglaises se divisent en cinq provinces, et un territoire celui du *Nord*.

1° et 2° A l'est la *Nouvelle-Galles du Sud*, capitale *Sidney* (220,000 h.), et la *Terre de la Reine* (Queensland), ville principale *Brisbane*.

3° et 4° Au sud, la *Province de Victoria*, capitale *Melbourne* (280,000 h.); et l'*Australie méridionale*, capitale *Adélaïde*.

5° A l'ouest, l'*Australie occidentale;* ville principale *Perth*.

La population coloniale est de plus de 2 millions d'habitants. Les indigènes sont au nombre d'environ 50,000.

Les principales richesses de l'Australie sont ses mines d'or, de cuivre, d'argent, de houille, ses forêts, la culture des céréales, et la laine de ses nombreux troupeaux.

L'Angleterre possède au sud de l'Australie, la *Tasmanie*, qui en est séparée par le détroit de *Bass :* capitale *Hobart-Town*, et au nord-est de la Mélanésie, les îles *Viti* ou *Fidji*.

Possessions françaises. — La France possède, dans la Mélanésie, l'île des *Pins* et la *Nouvelle-Calédonie*, la plus importante de ses possessions océaniennes, située au nord-est de l'Australie, capitale *Nouméa*.

CHAPITRE II (N° 20)

OCÉANIE ORIENTALE ET TERRES AUSTRALES.

I

POLYNÉSIE ET MICRONÉSIE.

On donne le nom de **Polynésie** et de **Micronésie** à la partie orientale et septentrionale de l'Océanie. Cette région comprend de nombreux archipels, dont quelques-uns seulement ont été colonisés par les Européens.

Possessions anglaises. — Les possessions anglaises sont l'archipel de la **Nouvelle-Zélande**, composé de deux grandes îles séparées par le détroit de *Cook*, et d'une troisième moins considérable. Elles sont traversées par une chaîne élevée et couverte de glaciers ; mais le littoral est fertile, et de riches mines d'or, de beaux pâturages, des forêts immenses, assurent à cette colonie un brillant avenir. La capitale est *Auckland*, dans l'île septentrionale ; les principales villes, *Wellington*, sur le détroit de Cook, *Nelson* et *Dunedin*, dans l'île méridionale (400,000 colons et 45,000 indigènes).

Possessions françaises. — Les possessions françaises sont : l'archipel des îles *Marquises* ou *Nouka-Hiva*, et l'archipel de *Taïti :* capitale *Papeïti*, avec les archipels *Tuamotou*, *Gambier* et *Toubouaï*.

Les *Espagnols* possèdent dans la Micronésie les archipels des *Carolines* et des *Mariannes*.

Archipels indépendants. Iles Sandwich. — Les archipels indépendants sont, dans la **Micronésie**, les archipels *Gilbert*, *Marshall*, d'*Anson* et de *Magellan ;* dans la **Polynésie**, les îles *Tonga*, les îles *Samoa*, l'archipel de *Cook* et les îles *Sandwich*, ou *Haouaï*, capitale

Honolulu, situées au nord de l'Océanie, entre l'Amérique et l'Asie (Californie et Japon), et civilisées par les missionnaires anglais et américains.

RÉCAPITULATION DE L'OCÉANIE.

Le nom d'**Océanie** s'étend, comme on vient de le voir, à toutes les terres et aux innombrables archipels dispersés dans l'océan Pacifique, entre l'Asie à l'ouest et l'Amérique à l'est.

Les quatre divisions généralement adoptées sont :

1° Au nord-ouest, la **Malaisie**, dont presque tous les archipels appartiennent à la Hollande (*îles de la Sonde, Bornéo, Moluques, Celèbes*), ou à l'Espagne (*îles Philippines*).

2° Au sud-ouest, la **Mélanésie**, composée en partie d'archipels encore indépendants, mais dont la terre la plus considérable, le continent de l'*Australie,* est une possession anglaise, et où la France a colonisé la *Nouvelle-Calédonie.*

3° A l'est la **Polynésie**, dominée au centre par la France (*Marquises et Taïti*), au sud par l'Angleterre (*Nouvelle-Zélande*), dont l'influence le dispute à celle des Etats-Unis dans les archipels septentrionaux (*îles Sandwich*).

4° Au nord la **Micronésie**, où l'Espagne possède les deux archipels les plus importants, les îles *Carolines* et les *Mariannes.*

II

TERRES AUSTRALES.

Au sud de l'Océanie, au delà du 55me degré de latitude méridionale, s'étend l'*océan Glacial antarctique* couvert de glaces fixes ou flottantes, et qui baigne des terres désertes, imparfaitement reconnues par les navigateurs qui ont osé se hasarder dans les solitudes des mers australes.

Dès l'année 1772, l'Anglais *Cook* s'aventura jusqu'au 71me degré, et découvrit l'île de *Géorgie,* et la terre de *Sandwich,* au sud-est de l'Amérique.

En 1831 et en 1833, des navires anglais et américains entrevoient dans l'océan Glacial antarctique une suite de terres (*terre d'Enderby, Groënland du Sud*), qui font croire à l'existence d'un continent austral. Cette opinion est confirmée par les voyages de *Dumont d'Urville,* qui en 1838 découvre la terre *Louis-Philippe,* au sud de l'Amérique, en 1840 la terre *Adélie* et la terre *Clarie,* au sud de l'Australie ; et par les explorations des Anglais *Wilkes* et *James Ross,* qui en 1839 et 1842 reconnaissent au sud de l'Océanie la terre *Sabrina* et la terre *Victoria.* Ross s'avance jusqu'au 77me degré de latitude sud, *point extrême* où l'on ait atteint dans les mers australes, et trouve au sud de la terre Victoria deux montagnes volcaniques qu'il nomme du nom de ses deux navires *Erebus* et *Terror.*

L'existence d'un continent austral, inhabité et inhabitable, est aujourd'hui un fait acquis à la science géographique.

RÉSUMÉ.

Océanie. N° 19

DIVISIONS. L'Océanie s'étend dans l'océan Pacifique entre l'Amérique à l'est, et l'Asie à l'ouest. Elle est divisée :

1° En *Malaisie,* au nord-ouest (race malaise, musulmane) ;

2° *Mélanésie,* au sud-ouest (race noire, fétichiste) ;

3° et 4° *Polynésie* et *Micronésie,* à l'est et au nord-est (race cuivrée, fétichiste).

Malaisie. La Malaisie comprend :

1° Les *Possessions hollandaises* : Archipel de la Sonde (Sumatra ; Java, *Capitale,* Batavia ; Banca, Sumbava, Florès, Timor). Archipel des Moluques (Amboine, Ceram, Banda). Ile Célèbes. Ile Bornéo, la plus grande de la Malaisie. (Population totale : 24 millions d'habitants) ;

2° Les *Possessions espagnoles :* Iles Philippines (Mindanao, Luçon, *Capitale,* Manille. (Population, 6,000,000 d'habitants) ;

3° Quelques comptoirs anglais (ile Labouan) et portugais (à Timor).

Mélanésie. La Mélanésie comprend :

1° Les *Iles indépendantes* (Nouvelle-Guinée, Nouvelle-Bretagne, îles Salomon, Santa-Cruz, Nouvelles-Hébrides) ;

2° Les *Possessions françaises* : Nouvelle-Calédonie, *Capitale*, Nouméa. Ile des Pins ;

3° Le continent d'AUSTRALIE, borné au nord par le détroit de Torrès et le golfe de Carpentarie, à l'ouest par l'océan Indien, à l'est et au sud par l'océan Pacifique : arrosé par le Darling, le Murray, etc. (versant du Pacifique), qui sortent des Alpes australiennes (côte orientale).

L'Angleterre a divisé l'Australie en cinq provinces : à l'est, Nouvelle - Galles du Sud, *Capitale*, Sidney, et Terre de la Reine ; *au sud*, province de Victoria, *Capitale*, Melbourne, la plus grande ville de l'Océanie (280,000 habitants), et Australie méridionale ; *à l'ouest*, Australie occidentale. (Population, 2,000,000 d'Européens, 50,000 noirs indigènes.)

Au sud de l'Australie, l'*île de Tasmanie*, *Capitale*, Hobart-Town, *colonie anglaise*.

N° 20

Polynésie. La Polynésie et la Micronésie comprennent :

1° Au sud-ouest une *Colonie anglaise*, la *Nouvelle-Zélande*, *Capitale*, Auckland (400,000 colons) ;

2° Au centre, les *Possessions françaises* : Iles Marquises, Taïti, *Capitale*, Papéiti, Iles Tuamotou, Gambier.

3° A l'ouest, les *Possessions espagnoles* : Iles Mariannes et Carolines.

4° Les *Archipels indépendants* : Iles Sandwich, au nord, îles Gilbert, Marshall, d'Anson, de Magellan, Tonga, à l'ouest ; archipel de Cook, au centre.

Terres australes.

Les terres situées dans l'océan Glacial antarctique et reconnues de 1772 à 1842, semblent former un continent glacé et inhabitable.

Questionnaire.

Quelle est l'origine du nom d'Océanie ? Quelle est la situation de l'Océanie ? Quelles en sont les grandes divisions ? Pourquoi a-t-on adopté ces divisions ? Quels sont les caractères qui distinguent les diverses races océaniennes ? Quelles sont les possessions européennes en Malaisie ? Enumérer les principales îles et les grands archipels. — Indiquer les principales productions. Quelle est la population des établissements hollandais ? Quelles sont les principales îles indépendantes de la Mélanésie ? Quelle est la plus vaste ? Quelles sont les possessions françaises ? Quelles sont les bornes de l'Australie ? Quels sont les caractères généraux du continent australien ? Nommer les principaux fleuves. Indiquer les noms de quelques-uns des explorateurs. Quelle est la superficie de l'Australie ?

Quelles sont les divisions politiques? Quelles sont les principales villes? L'Angleterre a-t-elle d'autres possessions dans la Mélanésie? Les indiquer. Quel est le chiffre de la population des établissements anglais d'Australie? Quelles sont les principales productions? Quels sont les caractères généraux des îles polynésiennes? Indiquer les établissements européens, leur situation, leurs principales villes. Quels sont les principaux archipels indépendants? Qu'appelle-t-on Terres australes? Quels en sont les principaux explorateurs? Quels noms ont-ils donnés aux points découverts?

Exercices.

Tracer la carte de l'Australie.

Indiquer sur une carte muette la situation des principales îles.

Indiquer sur un planisphère la route la plus courte de Marseille à Melbourne.

LIVRE VI

ÉTUDE DÉTAILLÉE DE L'EUROPE

CHAPITRE I

RÉGION DU NORD-OUEST. VERSANT DE L'ATLANTIQUE.

I (N° 21)

ILES BRITANNIQUES.

Limites. — **Le royaume uni de Grande-Bretagne** et **d'Irlande** est borné au nord et à l'ouest par l'océan Atlantique, au sud par la Manche et le Pas de Calais, à l'est par la mer du Nord.

Il comprend deux grandes îles: la **Grande-Bretagne** (Angleterre et Ecosse) et l'**Irlande,** séparées par le *canal du Nord,* la *mer d'Irlande* et le *canal Saint-Georges,* et des groupes secondaires: au nord les îles *Orcades* et *Shetland;* au nord-ouest les *Hébrides;* à l'ouest les îles de *Man,* et d'*Anglesey* dans la mer d'Irlande; au sud-ouest les îles *Sorlingues*, au sud l'île de *Wight*, dans la Manche, et les îles de *Jersey, Guernesey*, et *Aurigny*, sur les côtes de France.

Mers, golfes. — Les côtes de la Grande-Bretagne sont découpées par des golfes nombreux, dont les principaux sont : dans la mer du Nord, l'estuaire de la *Tamise*, le golfe de *Wash*, le golfe du *Forth*, et le golfe de *Murray* ;

Dans l'océan Atlantique, les golfes de *Lorn* et de *Clyde*, au nord, et le golfe de *Bristol* au sud ; dans la mer d'Irlande, le golfe de *Solway*, et la baie de *Cardigan*.

Montagnes et fleuves. — La Grande-Bretagne est traversée du nord au sud par une chaîne de montagnes ou de collines dont la pointe extrême est le cap *Duncansby*, au nord de l'Ecosse, et qui la divise en deux versants principaux sous le nom de monts de *Ross* et de monts *Grampians*, en Ecosse, de chaîne *Pennine*, etc., en Angleterre. Cette chaîne se bifurque au sud de l'Angleterre en deux branches dont l'une finit à l'est au cap *Sud-Foreland*, sur la mer du Nord et l'autre à l'ouest aux caps *Lizard* et *Land's-End*, à l'entrée de la Manche.

De la chaîne principale se détachent à l'est les monts *Cheviots*, entre l'Angleterre et l'Ecosse, à l'ouest les montagnes du *pays de Galles* (Angleterre). — Les plus hauts sommets de la Grande-Bretagne n'atteignent pas 1,400 mètres.

Les principaux fleuves sont : 1° dans le versant de la **mer du Nord**, la *Tamise* (350 kilomètres), le plus long des cours d'eau de la Grande-Bretagne, l'*Humber*, formé du *Trent* et de l'*Ouse* (Angleterre), la *Tweed*, le *Forth*, et le *Tay* (Ecosse).

2° Dans le **versant de l'océan Atlantique** et de **la mer d'Irlande**, la *Clyde* (Ecosse), la *Mersey* et la *Severn*, le plus long des fleuves de l'Angleterre après la Tamise. On trouve en Ecosse un grand nombre de lacs (lac *Leven*, lac *Lomond*, etc...).

En Irlande les montagnes sont parallèles à la côte et

enveloppent l'île presque tout entière. Le principal fleuve est le *Shannon*, qui se jette dans l'océan Atlantique.

Les lacs sont nombreux : les plus importants sont le lac *Erne* et le lac *Neagh*.

Principales divisions. — Les anciennes divisions historiques et géographiques : *Angleterre, pays de Galles Ecosse* et *Irlande*, ont disparu comme divisions politiques ; le royaume est divisé en 117 *comtés*, dont 40 pour l'Angleterre, 12 pour le pays de Galles, 33 pour l'Ecosse, et 32 pour l'Irlande. La plupart de ces comtés portent le nom de leur capitale.

Villes de commerce et d'industrie. Ports. — La capitale du royaume est **Londres**, sur la Tamise, le premier port, l'une des premières villes industrielles de la Grande-Bretagne et la plus peuplée du monde (3,800,000 habitants).

Les principaux ports de commerce sont : 1° dans le versant de la **mer du Nord :** en Angleterre, *Hull*, sur l'Humber, *Sunderland* et *Newcastle*, débouchés des houilles de la région de l'est ;

En Ecosse, *Leith*, qui sert de port à **Edimbourg**, (230,000 habitants), l'ancienne capitale de l'Ecosse, ville savante plutôt qu'industrielle, située sur le Forth ; *Dundee* sur le Tay, et *Aberdeen*.

2° **Dans le versant de l'Atlantique** (du nord au sud) : en Ecosse, *Glasgow* (550,000 h.), sur la Clyde, la première ville industrielle de l'Ecosse et l'un des premiers ports de la Grande-Bretagne :

En Angleterre, *Liverpool* sur la Mersey (600,000 hab. avec les faubourgs), le second port du Royaume-Uni ;

Swansea et *Cardiff*, sur le canal de Bristol, débouchés des charbons du pays de Galles :

Bristol, sur l'Avon, près de son confluent avec la Severn.

3° **Dans le versant de la Manche** (de l'ouest à l'est), *Falmouth*, dans la presqu'île de Cornouailles, *Southampton*, le point de départ des lignes postales d'Asie, d'Océanie, de l'Amérique du Sud, *Folkestone, New-*

Haven, Brighton, Douvres, importants surtout par leurs communications avec la France.

Sur la Manche sont situés les deux grands ports de guerre de l'Angleterre, *Plymouth,* et *Portsmouth,* sur la rade de *Spithead.*

Centres industriels. — Les principaux centres d'industrie sont : en Angleterre, dans le **versant de la mer du Nord,** *Leeds* (comté d'York, 310,000 h.), *Bradford, Halifax,* pour les lainages et la filature du lin ; *Sheffield* (285,000 h., comté d'York), pour les aciers et le travail des métaux ;

Leicester, Nottingham, Norwich, pour les soieries et les lainages ;

Stoke sur le *Trent* (comté de Stafford), pour la poterie et la porcelaine ;

Maidstone (comté de Kent), pour la fabrication du papier.

Dans le **versant de l'océan Atlantique :**

Manchester (comté de Lancastre, 600,000 h.), la métropole de l'industrie des cotons, la plus florissante de l'Angleterre, avec les villes qui l'entourent, *Lancastre, Bolton,* etc... ;

Birmingham (400,000 h.) et *Wolverhampton,* métropoles de l'industrie des fers et des métaux ;

Merthyr-Tydwill, centre des forges du pays de Galles ;

Coventry (comté de Warwick), et *Macclesfield* (comté de Chester), centres de l'industrie des soieries.

On peut citer parmi les villes qui ne peuvent être considérées comme de grands centres d'industrie, *York,* autrefois la seconde ville de l'Angleterre, *Canterbury* (comté de Kent), la métropole religieuse de l'anglicanisme ; *Cambridge* et *Oxford,* universités célèbres ; *Windsor,* résidence royale, etc...

En Écosse, le grand centre industriel est *Glasgow,* rival de Manchester par ses filatures de coton, et de Birmingham par ses forges et ses machines. *Perth,* sur le Tay, fabrique des lainages, *Paisley* près de Glasgow, des soieries, *Dundee* des toiles, *Preston*, près d'Edimbourg, des machines.

Irlande. Villes principales. L'Irlande a pour capitale et pour principal port *Dublin* sur la mer d'Irlande (338,000 h.), qui possède des fabriques de toiles et de soieries.

Les autres ports, qui presque tous se livrent à l'industrie linière, sont sur la mer d'Irlande, *Belfast;* sur l'océan Atlantique au sud de l'île, *Waterford*, et *Cork;* à l'ouest *Limerick* sur le Shannon, et *Galway;* au nord *Londonderry.*

Population. — La population de la Grande-Bretagne s'élève à plus de 35 millions d'habitants, dont plus de 26 millions pour l'Angleterre, plus de cinq pour l'Irlande et plus de trois et demi pour l'Ecosse. La langue anglaise, où dominent les racines germaniques, est celle de l'immense majorité ; on parle encore en Irlande, en Ecosse et dans le pays de Galles, des dialectes celtiques.

Religion. — La religion dominante est le protestantisme, qui se divise en plusieurs sectes, dont les principales sont, l'*église anglicane*, église officielle de l'Angleterre, et le *presbytérianisme*, répandu surtout en Ecosse. On compte 5 ou 6 millions de catholiques, surtout en Irlande.

Gouvernement. — Le gouvernement est une *monarchie parlementaire*. Le souverain partage le pouvoir avec un *parlement* composé de deux chambres: l'une élective, celle des *Communes*, l'autre héréditaire ou à la nomination du chef de l'Etat, celle des *Lords*. La responsabilité des actes du gouvernement appartient aux ministres nommés par le souverain.

Productions, commerce. — L'Angleterre doit à son climat humide et presque partout tempéré, ses prairies, et ses races domestiques, bestiaux, chevaux, moutons, qui sont sa principale richesse agricole. Elle doit à ses mines de houille, qui fournissent annuellement plus de 130 millions de tonnes, à ses mines de fer, de cuivre, d'étain, de plomb, la supériorité de son industrie;

à ses ports innombrables, à ses 6,000 kilomètres de
canaux, à ses 29,000 kilomètres de chemins de fer, à ses
lignes télégraphiques, à ses colonies, la prospérité de son
commerce, qui dépasse annuellement 16 milliards.

Colonies. — L'Angleterre possède en Europe : Gibraltar, Malte, et l'île d'Héligoland (mer du Nord).

Ses possessions les plus importantes hors de l'Europe
sont :

En Asie, l'île de Chypre, l'Indoustan, une partie de
l'Indo-Chine ; Aden (Arabie), et Hong-Kong (Chine).

En Afrique, les comptoirs du Sénégal et de la Guinée ;
l'île Sainte-Hélène, le Cap, Natal, l'île Maurice.

En Amérique, la Nouvelle-Bretagne, les Bermudes, les
Lucayes, la Jamaïque, la plupart des petites Antilles, et
la Guyane anglaise.

II (N° 22)

ROYAUME DE BELGIQUE.

Limites. — Le royaume de Belgique, séparé des Pays-
Bas, en 1830, est borné au nord par les Pays-Bas, à l'est
par la Prusse rhénane et le grand-duché de Luxembourg, au sud par la France, à l'ouest par la mer du Nord.

Fleuves, géographie physique. — La Belgique,
dont le sol est peu accidenté, est traversée par la prolongation des *Ardennes orientales* et des *Ardennes occidentales (collines de Belgique)*. Elle est arrosée à l'est par
la *Meuse,* qui reçoit sur sa rive droite l'*Ourthe*, et sur sa
rive gauche la *Sambre ;* à l'ouest par l'*Escaut*, qui reçoit
à droite la *Dender* et le *Ruppel,* formé des deux *Nèthes,*
de la *Dyle* et de la *Senne,* à gauche la *Lys*.

De nombreux canaux réunissent ces deux fleuves et
leurs affluents, et contribuent avec un réseau de chemins
de fer de plus de 4,000 kilomètres à la facilité des communications.

Divisions politiques. Villes principales. —
La capitale de la Belgique est **Bruxelles**, sur la Senne,

(400,000 h.), l'une des premières villes manufacturières du royaume.

La Belgique est divisée en 9 provinces :

1° A l'ouest la **Flandre occidentale :** chef-lieu *Bruges*, dont les principales industries sont les fabriques de toiles, les tanneries, les dentelles, également importantes à *Courtray* (sur la Lys), à *Ypres*, à *Roulers*. Les principaux ports de la Flandre occidentale sont *Ostende* et *Nieuport*.

2° Au sud le **Hainaut :** chef-lieu *Mons*, villes principales *Charleroi*, centre de l'extraction des charbons de terre, de l'industrie des fers et de la verrerie ; *Tournay* sur l'Escaut ; *Senef* (1674), *Steinkerque* (1692), *Fleurus* (batailles de 1690, de 1794 et de 1815), *Fontenoy* (1745), *Jemmapes* (1792), célèbres dans les guerres de Louis XIV, de Louis XV, et de la Révolution.

La **Province de Namur :** chef-lieu *Namur*, sur la Meuse, l'un des centres de l'industrie métallurgique ; ville principale *Dinant*.

Et le **Luxembourg** belge : chef-lieu *Arlon*.

3° A l'est, la **Province de Liège :** chef-lieu *Liège*, sur la Meuse (120,000 h.), la métropole de l'industrie des fers et des aciers, et l'une des grandes universités de Belgique ; ville principale *Verviers*, centre de l'industrie des lainages.

Et le **Limbourg** belge : capitale *Hasselt*.

4° Au nord, la **Province d'Anvers :** chef-lieu *Anvers* sur l'Escaut (160,000 h.), le grand port de commerce de la Belgique ; ville principale *Malines*, célèbre par ses dentelles.

5° Au centre, la **Flandre orientale :** chef-lieu *Gand*, sur l'Escaut (130,000 h.), la métropole de l'industrie des cotons et du lin ; ville principale *Audenarde*, sur l'Escaut (1708).

Et le **Brabant :** chef-lieu *Bruxelles ;* villes principales *Louvain*, université célèbre, ville de science et d'industrie ; *Waterloo* (1815), *Ramillies* (1706), théâtres de deux de nos plus sanglantes défaites.

Population. — La population de la Belgique est de 5 millions et demi d'habitants. La langue officielle est le français, le dialecte populaire des provinces occidentales est le flamand.

Religion. — Le catholicisme est la religion dominante, mais les protestants sont nombreux.

Gouvernement. — Le gouvernement est une monarchie constitutionnelle. Le souverain partage le pouvoir avec deux chambres, la chambre des députés et le Sénat, toutes deux électives.

Productions et commerce. — La Belgique, l'un des Etats les plus riches et les plus industrieux de l'Europe, doit à ses prairies et à ses nombreux bestiaux, ainsi qu'à la culture du lin, du tabac, de la betterave, sa prospérité agricole ; à ses mines de fer, de zinc, de houille, l'activité de son industrie; à ses fleuves, à ses canaux, à ses chemins de fer, sa prospérité commerciale.

III (N° 22)

ROYAUME DES PAYS-BAS.

Limites. — Le royaume des Pays-Bas, organisé par les traités de 1815 et diminué de la Belgique en 1830, est borné au nord par la mer du Nord qui forme le golfe du *Zuiderzée*, à l'ouest par la mer du Nord, au sud par la Belgique, à l'est par les Etats prussiens.

Fleuves. — La Hollande est un pays plat, marécageux, dont une partie n'est protégée que par des digues contre l'invasion de la mer, et que sillonnent d'innombrables canaux et trois grands fleuves : l'*Escaut* qui se divise à son embouchure en Escaut oriental et Escaut occidental; la *Meuse*, et le *Rhin*, divisé en cinq bras principaux dont deux le *Wahal* et le *Leck,* se confondent avec les bouches de la Meuse ; un seul, le *Vieux-Rhin,* se jette dans la mer du Nord, et deux autres le *Vecht* et l'*Yssel,* dans le Zuiderzée.

Divisions politiques. Villes principales. — La capitale officielle est *la Haye* (120,000 h.).

La Hollande se divise en 11 provinces :

1° A l'ouest, la **Hollande septentrionale :** capitale *Amsterdam* (326,000 h.), sur le Zuiderzée, la capitale commerciale du royaume des Pays-Bas ; ville principale *Harlem.*

La **Hollande méridionale,** capitale *la Haye ;* villes principales *Rotterdam,* sur la Meuse, le second port du royaume (150,000 h.), *Dordrecht,* sur la Meuse, *Leyde,* université, et *Delft,* ville manufacturière.

La **Zélande,** capitale *Middelbourg,* ville principale *Flessingue,* dans l'île de *Walcheren,* sur l'Escaut.

2° Au sud, le **Brabant septentrional,** capitale *Bois-le-Duc ;* ville principale *Bréda,* et le **Limbourg** hollandais, capitale *Maëstricht,* ville forte sur la Meuse.

3° A l'est, la **Gueldre,** capitale *Arnheim,* sur le Rhin, ville principale *Nimègue* (traités de 1678) sur le *Wahal,* et la province d'**Utrecht ;** capitale *Utrecht* (traités de 1713), sur le Rhin.

4° Au nord l'**Over-Yssel,** capitale *Zwolle.*

La **Drenthe,** capitale *Assen.*

La **Frise,** capitale *Leeuwarden,* ville principale *Harlingen,* à l'entrée du Zuiderzée.

La **Province de Groningue,** capitale *Groningue,* l'un des premiers chantiers de construction de la Hollande.

5° Entre la Belgique à l'ouest, la France au sud, la Prusse rhénane au nord et à l'est, est situé le grand-duché de **Luxembourg,** capitale *Luxembourg,* possession personnelle du roi des Pays-Bas, qui faisait partie de l'ancienne confédération germanique (200,000 h.).

Population. Religion. Gouvernement. — La population de la Hollande est de 4 millions d'habitants ; la langue nationale est un dialecte germanique. Le *protestantisme* calviniste est la religion dominante. Le gouvernement est une monarchie constitutionnelle. Le pouvoir législatif est exercé par les Etats généraux, composés de deux chambres électives.

Commerce. — Les prairies et l'élève du bétail sont la principale richesse agricole de la Hollande : elle n'a pas de mines et son industrie est inférieure à celle des Etats voisins, mais elle doit à ses fleuves, à ses canaux, à sa situation maritime, à ses vastes colonies une prospérité commerciale, qui ne redoute aucune comparaison.

Colonies. — Les possessions coloniales des Pays-Bas sont : en Amérique, quelques-unes des petites *Antilles* et la *Guyane* hollandaise ; en Océanie, presque toute la *Malaisie,* capitale *Batavia* (Java).

CHAPITRE II

Nᵒˢ 23 et 24. RÉGION CENTRALE.

EMPIRE D'ALLEMAGNE (45 millions d'habitants)

On désigne sous le nom d'**Allemagne** les pays qui faisaient partie de la confédération germanique et qui sont presque entièrement habités par des populations de langue sinon de race allemande. La confédération germanique se composait, en 1866, de trente-quatre Etats dont deux, la *Prusse* et l'*Autriche,* n'y entraient que pour une portion de leur territoire, et s'étendait entre la mer du Nord, le Danemark et la Baltique au nord, les parties non-allemandes de la Prusse et de l'Autriche à l'est, l'Italie et la Suisse au sud, la France, la Belgique et les Pays-Bas à l'ouest.

Les évènements de 1866 et de 1871 ont profondément modifié cette géographie : l'ancienne confédération n'existe plus, et l'Allemagne nouvelle, dont l'Autriche est exclue, forme un empire dans lequel on peut considérer séparément :

Le **Royaume de Prusse,** qui est prépondérant, et dont le souverain porte le titre d'empereur d'Allemagne ;

Les **États secondaires du nord ;**

Les **États du sud.**

Tous les Etats sont liés par une Constitution qui leur laisse une certaine liberté d'action à l'intérieur, mais qui donne à la Prusse la direction des affaires extérieures, le commandement de l'armée, et une influence décisive sur le parlement (*Reischtag*) qui siège à Berlin, et qui délibère sur les intérêts communs de l'Empire.

ROYAUME DE PRUSSE.

Limites. — Le Royaume de Prusse est borné au nord par la mer du Nord, le Danemark et la mer Baltique, qui baigne les îles de *Rügen*, *Usedom* et *Wollin*, et forme le golfe de Dantzick; à l'est par l'empire de Russie; au sud par l'Autriche, la Saxe, les petits duchés saxons, le royaume de Bavière et le grand-duché de Hesse-Darmstadt; à l'ouest par le grand duché de Luxembourg, la Belgique et les Pays-Bas.

Montagnes. — Il est limité au sud par les monts des **Géants**, qui le séparent de la Bohême (empire d'Autriche), et traversé du sud au nord par plusieurs chaînes de collines et de montagnes qui s'abaissent en se rapprochant de la mer du Nord, et dont les plus importantes sont les monts du *Harz*, entre le bassin de l'Elbe et celui du Weser, le *Hundsrück*, prolongation des *Vosges* entre le Rhin et la Moselle, et l'*Eifel*, prolongation des Ardennes orientales entre la Moselle et la Meuse.

Fleuves. — Les principaux fleuves sont :

1° Dans le bassin de la mer du Nord :

Le **Rhin**, qui appartient à la Prusse depuis Bingen jusqu'à Wesel, et qui reçoit à gauche la *Moselle*, à droite le *Main*, la *Lahn*, la *Sieg* et la *Lippe;*

L'**Ems**;

Le **Weser**, formé de la *Verra* et de la *Fulda*, et qui reçoit à droite l'*Aller* grossi de la *Leine;*

L'**Elbe**, qui reçoit à droite le *Havel*, grossi de la *Sprée*, à gauche la *Saale*.

2° Dans le bassin de la Baltique :

L'**Oder**, qui reçoit à droite la *Wartha;*

La **Vistule**, qui se jette dans le golfe de *Dantzick*,

La **Pregel**, grossie de l'*Alle;*

Et le **Niémen**.

Tous ces fleuves coulent du sud-est au nord-ouest

Divisions et villes principales. — La capitale de la Prusse et de l'empire d'Allemagne est **Berlin**, sur la *Sprée* (1,130,000 h.), la première ville manufacturière du royaume.

La Prusse se divise politiquement en douze provinces qui sont de l'est à l'ouest :

1° La **Prusse orientale :** capitale *Kœnigsberg* (140,000 h.), port sur la Pregel; villes principales *Memel* et *Pillau*, sur la Baltique; *Tilsit*, sur le Niémen; *Eylau* et *Friedland*, célèbres dans la campagne de 1807.

2° La **Prusse occidentale :** villes principales *Dantzick*, le second port de la Prusse, sur la Vistule; *Marienbourg* et *Thorn*.

3° La **Posnanie :** province polonaise; capitale *Posen;* v. pr. *Bromberg*.

4° La **Poméranie :** capitale *Stettin*, le premier port de la Prusse, sur l'Oder; ville principale *Stralsund*, sur la Baltique.

5° Le **Brandebourg :** capitale *Potsdam*, résidence royale; villes principales *Berlin*, capitale de l'empire et *Francfort*, sur l'Oder.

6° La **Silésie :** capitale *Breslau* (280,000 h.), sur l'Oder, importante par ses fabriques de draps, ses usines métallurgiques, etc.; villes principales *Liegnitz, Gœrlitz,* et *Oppeln*, ville forte.

7° La **Saxe prussienne :** capitale *Magdebourg*, sur l'Elbe, ville de guerre, de commerce et d'industrie; villes principales *Wittenberg, Lützen* (batailles de 1632 et 1813), *Halle* sur la Saale, et *Erfurt*.

8° La **Westphalie :** capitale *Munster* (traités de 1648); villes principales, *Dortmund, Bielefeld,* importante par ses toiles, et *Minden* sur le Weser.

9° La **Prusse rhénane :** villes principales *Cologne*, le premier port du Rhin (143,000 h.) ; *Wesel, Dusseldorf, Coblentz*, résidence du président de la province, toutes situées sur le Rhin, centres de commerce et d'industrie et places de guerre ; *Trèves*, sur la Moselle; *Aix-la-Chapelle*, importante par ses draps, ses machines, sa carrosserie ; *Crevelt*, par ses soieries ; *Gladbach, Barmen* et *Elberfeld*, par leurs filatures de coton et leurs fabriques de draps ; *Essen*, par son industrie métallurgique qu'alimentent les houillères et les mines de fer de la Prusse Rhénane.

10° Les provinces annexées en 1866 et qui comprennent les duchés de **Lauenbourg**, **Holstein** et **Sleswick** enlevés au Danemark ; villes principales *Sleswick ; Kiel*, port sur la Baltique ; *Altona*, sur l'Elbe, et *Tonningen*, sur l'Eider.

11° L'ancien royaume de **Hanovre** : capitale *Hanovre* (127,000 h.) ; villes principales *Stade*, port sur l'Elbe ; *Emdem*, sur la mer du Nord ; *Goettingue*, université célèbre, etc.

12° L'ancien Electorat de **Hesse** : capitale *Cassel*, et l'ancien duché de **Nassau** : capitale *Wiesbaden*. On y rattache l'ancienne ville libre de **Francfort**, sur le Mein (140,000 h.), l'un des grands centres commerciaux de l'Allemagne.

A cette énumération il faut ajouter une conquête récente, qui n'a pas été, il est vrai, incorporée à la Prusse et qui est considérée officiellement comme dépendance directe de la couronne impériale, mais qui, en fait, n'en est pas moins une possession prussienne : c'est le gouvernement d'**Alsace-Lorraine**, enlevé à la France en 1871 : capitale *Strasbourg* (104,000 h.) ; villes principales *Metz*, sur la Moselle ; *Mulhouse, Colmar*, etc.

Population, religion, gouvernement. — La population est de 27 millions d'habitants environ, en y comprenant les provinces annexées ; la langue est l'allemand, sauf dans la Posnanie, où le polonais domine encore. Le *protestantisme luthérien* est la religion la plus répandue ; mais la Posnanie et les provinces du Rhin comptent de nombreux catholiques.

Le gouvernement est constitutionnel. Le roi partage l'exercice du pouvoir législatif avec deux Chambres, l'une héréditaire, celle des seigneurs ; l'autre élective, celle des députés.

Commerce et productions de la Prusse. —
La supériorité de l'organisation militaire, l'état florissant
de l'instruction publique, la richesse du sol dans les provinces de l'ouest, qui produisent la vigne, le houblon, le
colza, le tabac, les céréales ; l'élève du bétail, des moutons, des chevaux ; la culture du lin et les forêts dans les
provinces de l'est ; les houilles, les fers, les zincs de la
Prusse rhénane et de la Silésie ; l'industrie, qui peut le
disputer pour les draps, les porcelaines, les soieries, les
travaux métallurgiques, aux plus grandes puissances manufacturières de l'Europe ; des voies de communication
nombreuses ; enfin l'acquisition des ports de la Baltique
et de la mer du Nord, font de la Prusse la première puissance politique, industrielle et commerçante de l'Europe
centrale.

ÉTATS SECONDAIRES DU NORD.

1° Le **royaume de Saxe** (2,960,000 hab.), situé entre
l'Autriche et la Bavière au sud, la Prusse à l'est et au
nord, les petits Etats de Thuringe à l'ouest, arrosé par
l'*Elbe* et séparé de la Bohême par les monts *Métalliques*,
a pour capitale **Dresde** (220,000 h.) sur l'Elbe ; pour
villes principales *Leipsick* (bataille de 1813), ville industrielle et commerçante de 150,000 habitants, dont les
foires sont les plus fréquentées de l'Europe centrale ;
Meissen, célèbre par ses porcelaines ; *Chemnitz*, par ses
draps et ses toiles, *Zwickau*, etc.

2° et 3° Les deux grands-duchés de **Mecklembourg-
Schwerin** (capitale *Schwerin*) et de **Mecklembourg-
Strelitz** (capitale *Strelitz*), situés sur la Baltique, ont
pour ports principaux *Rostock* et *Wismar*.

4° Le grand-duché d'**Oldenbourg**, capitale *Oldenbourg*, est situé sur la mer du Nord, à l'ouest du Weser.

5°, 6°, 7° Les trois villes **Hanséatiques** sont : *Lubeck* sur la Trave (Baltique), **Hambourg** sur l'Elbe
(290,000 h.), la première place de commerce et le premier port de l'Allemagne, et *Brême* (113,000 h.), sur le
Weser.

5.

8° Le grand-duché de **Hesse-Darmstadt** coupé par le Main, a pour capitale *Darmstadt*, pour villes principales *Worms* et *Mayence*, sur le Rhin.

9° Le grand-duché de **Saxe-Weimar**, capitale *Weimar*, ville principale *Iéna* (1806), est situé au sud de la Saxe prussienne.

10° à 17° Les sept principautés sont :

Les deux *Lippe* (*Detmold* et *Schaumbourg*), au sud du Hanovre.

Les deux *Reuss* (*Greitz* et *Schleitz*), à l'ouest de la Saxe.

Les deux principautés de *Schwarzbourg* (*Rudolstadt* et *Sondershausen*), enclavées au milieu des duchés saxons; et la principauté de *Waldeck* entre la Hesse prussienne et la Westphalie.

18° à 21° Les cinq duchés sont ceux de *Saxe-Cobourg-Gotha, Saxe-Meiningen, Saxe-Altenbourg*, au sud de la Saxe prussienne; celui d'*Anhalt*, enclavé dans cette dernière province, et le duché de *Brunswick*, capitale *Brunswick*, entre le Hanovre et la Saxe prussienne. La population totale des Etats secondaires ne dépasse pas 9 millions d'habitants, en majorité protestants.

II

ÉTATS SECONDAIRES DU SUD.

Géographie physique. — Le groupe des États du sud est limité ou traversé de l'est à l'ouest par la chaîne de partage des eaux de l'Europe, monts de *Bohême, Jura Franconien, Alpes de Souabe*, montagnes de la *Forêt-Noire*, et *Alpes de Constance*.

La grande chaîne des *Alpes* jette du sud au nord de nombreuses ramifications en Bavière.

Les principaux fleuves sont le **Rhin**, qui, en sortant du *lac de Constance*, coule d'abord de l'est à l'ouest, puis du sud au nord, et reçoit à droite le *Necker* et le *Main*;

Et le **Danube**, qui prend sa source dans la Forêt-Noire coule de l'ouest à l'est, arrose le Wurtemberg et la Bavière, et reçoit à droite le *Lech*, l'*Isar*, et l'*Inn*, à gauche l'*Altmühl*.

Divisions politiques. — Les États qui composent ce groupe sont :

1° Le **Royaume de Bavière,** borné au nord par les duchés saxons et la Prusse, à l'ouest par le duché de Hesse-Darmstadt, le grand-duché de Bade et le royaume de Wurtemberg, au sud par la Suisse et l'Autriche, à l'est par l'Autriche. La capitale est *Munich* (235,000 h.), sur l'Isar, l'un des centres intellectuels de l'Allemagne ; les principales villes, *Nüremberg*, sur le canal *Louis,* qui joint le Rhin au Danube par le Main, importante par son horlogerie, sa verrerie, ses fabriques de jouets d'enfants ; *Augsbourg* sur le Lech, centre de la filature et des travaux métallurgiques ; *Wurtzbourg,* sur le Main ; *Passau* et *Ratisbonne,* sur le Danube.

La Bavière possède en outre, sur la rive gauche du Rhin, à l'est de la Prusse rhénane et au nord de l'Alsace, le *Palatinat* ou *Bavière rhénane,* capitale *Spire* sur le Rhin, villes principales *Landau* et *Deux-Ponts,* sur le Rhin.

La population est de 5,300,000 habitants, en majorité catholiques.

2° Le **Royaume de Wurtemberg,** entre le grand-duché de Bade à l'ouest et au nord-ouest, la Bavière au nord et à l'est, la Suisse au sud, a pour capitale *Stuttgart* (118,000 h.), pour villes principales, *Ulm,* sur le Danube, célèbre dans la campagne de 1805, *Heilbronn* sur le Necker, etc... La population est de 1,980,000 habitants.

3° Le **Grand-duché de Bade,** entre le Rhin à l'ouest et au sud, la Forêt-Noire à l'est qui le sépare du Wurtemberg, la Hesse-Darmstadt et la Bavière au nord, a pour capitale *Carlsruhe,* pour villes principales *Mannheim,* et *Kehl* sur le Rhin, *Bade, Fribourg* (bataille de 1644) et *Heidelberg,* sur le Necker, célèbre par son université. La population est de 1,570,000 habitants.

Le groupe du sud, plus accidenté et aussi bien arrosé que celui du nord, produit les céréales, la vigne, le houblon, le tabac ; le bétail, les moutons, les chevaux y sont nombreux, les mines importantes et l'industrie très active, surtout en Bavière.

Zollverein. — Outre les nouveaux liens politiques, il existe entre toutes les parties de l'Allemagne un lien commercial, l'*Union douanière* ou *Zollverein,* qui en supprimant les douanes particulières de chaque Etat, les a reportées aux limites de l'Empire. Cette union des intérêts commerciaux, jointe au développement des chemins de fer qui la sillonnent en tous sens (34,000 kilomètres), aux nombreux canaux qui unissent la mer du Nord et la Baltique, l'Elbe et le Niémen, le Rhin et le Danube, a donné la plus vive impulsion au commerce continental et maritime de l'Allemagne.

III (N° 25)

EMPIRE AUSTRO-HONGROIS.

Limites. — L'empire d'Autriche-Hongrie est borné au nord par la Saxe, la Prusse et la Pologne russe, à l'est par la Russie et les principautés danubiennes, au sud par la Turquie d'Europe et l'Adriatique qui baigne le groupe des îles Illyriennes, à l'ouest par l'Italie, la Suisse et la Bavière. L'Autriche-Hongrie occupe, depuis 1878, deux provinces de la Turquie, la **Bosnie** et l'**Herzégovine** qui restent officiellement sous la suzeraineté du sultan.

Montagnes. — L'empire d'Autriche est traversé de l'ouest à l'est par les monts de *Bohême* et de *Moravie,* auxquels se rattachent les monts *Métalliques* et les monts des *Géants,* et qui entourent ainsi d'un vaste quadrilatère la province de Bohême ; par les monts *Sudètes,* les monts *Magura, Tatra,* et les monts *Carpathes,* qui se dirigent vers le sud-est et se rattachent à la chaîne des *Alpes de Transylvanie,* limite de l'empire autrichien et de la Valachie. La partie sud-ouest de l'empire est couverte par les ramifications des **Alpes,** qui forment trois chaînes principales : 1° la plus méridionale porte les noms d'Alpes *Carniques, Juliennes* et *Dinariques,* et va re-

joindre les *Alpes Helléniques* en longeant la côte de l'A-
driatique ; 2° la chaîne centrale sous le nom d'Alpes
Rhétiques, *Noriques* et d'Alpes de *Styrie*, va se perdre
dans les plaines de Hongrie ; 3° la chaîne septentrionale
sous le nom d'*Alpes de Salzbourg* et de *Kahlenberg* se
prolonge jusque sur les bords du Danube, dans la direction du sud-ouest au nord-est.

Fleuves. — Les principaux fleuves sont : 1° dans le
versant de la mer Noire, le **Danube**, qui traverse tout
l'empire et recoit à droite l'*Inn*, l'*Ens*, la *Raab*, la *Drave*
et la *Save*, à gauche la *Morava* et la *Theiss ;*

Le **Dniester**, qui prend sa source sur le revers septentrional des Carpathes ;

2° Dans le versant de l'Adriatique, l'**Adige** dont l'Autriche possède le cours supérieur ;

3° Dans le versant de la mer du Nord, l'**Elbe**, qui
prend sa source dans les monts des Géants et reçoit la
Moldau (rive gauche) ;

4° Dans le versant de la mer Baltique, les sources de
l'*Oder*, et le cours supérieur de la *Vistule*.

Les lacs de *Neusiedel* et de *Platen* en Hongrie sont en
grande partie desséchés.

Divisions et villes principales. — L'empire
d'Autriche-Hongrie peut se diviser en deux groupes, le
groupe autrichien, ou *cisleithan* et le groupe hongrois ou
transleithan[1] ; la capitale est **Vienne**, sur le *Danube*
(1,110,000 h., avec les faubourgs).

Le **groupe autrichien** comprend 14 provinces
(22 millions d'habitants), dont 9,600,000 Allemands.

1° Au nord la **Bohême**, pays à demi slave, à demi
allemand : capitale *Prague* (200,000 h.), sur la Moldau,
l'une des premières villes industrielles de l'empire (verrerie, draps, etc.) ; villes principales *Reichenberg*, importante par ses manufactures de lainages ; *Egra*, place
forte, *Kœnigsgrætz* (1866, bataille de Sadowa).

1. La petite rivière de la *Leitha* affluent du Danube sépare les États
de la couronne d'Autriche et ceux de la couronne de Hongrie.

2° La **Moravie**, pays slave mais à demi germanisé comme la Bohême : capitale *Brünn*, villes principales *Olmütz*, toutes deux importantes par leurs manufactures de toiles et de lainages ; *Austerlitz* (bataille de 1805).

3° La **Silésie autrichienne** (population slave) : capitale *Troppau*.

4° et 5° A l'ouest (pays allemands), la **Haute-Autriche**, capitale *Linz* sur le Danube, et la **Basse-Autriche**, capitale *Vienne*, la capitale industrielle et commerciale de l'empire comme sa capitale politique; ville principale *Wagram* (bataille de 1809).

6° La province de **Salzbourg** : capitale *Salzbourg*, (province allemande).

7° Au sud le **Tyrol** (pays allemand dont le sud est habité par des Italiens) : capitale *Innsbruck*, sur l'Inn ; ville principale *Trente*, sur l'Adige, siège d'un célèbre concile (1545-63).

8° La **Styrie** (pays allemand) : capitale *Gratz*, centre d'industrie métallurgique.

9° La **Carinthie** (population slave et allemande) : capitale *Klagenfurth*, centre d'industrie métallurgique.

10° La **Carniole** (pays slave) : capitale *Laybach*.

11° L'**Istrie** et la province du Littoral, capitale *Trieste* (110,000 hab.), sur l'Adriatique, le premier port de commerce de l'Autriche ; ville principale *Pola*, arsenal maritime. La population est mêlée de Slaves, d'Allemands, et d'Italiens.

12° La **Galicie :** capitale *Lemberg ;* villes principales *Cracovie*, sur la Vistule, et *Brody* (pays polonais et ruthène).

13° La **Bukovine** (population mêlée de Roumains et de Ruthènes) : capitale *Czernowitz*.

14° La **Dalmatie :** capitale *Zara ;* ville principale *Raguse* sur l'Adriatique (population slave mêlée d'Italiens).

Le **Groupe hongrois** comprend quatre provinces avec plus de quinze millions et demi d'habitants dont 5,900,000 Hongrois ou Magyares.

1° La **Hongrie**, capitale *Pesth-Bude* (370,000 hab.),

sur le Danube; villes principales *Presbourg,* sur le Danube (traité de 1805), *Szegedin* sur la Theiss, *Maria-Theresiopol,* au sud-ouest de Szegedin, *Debreczin,* au nord-est, *Temeswar* dans le sud de la Hongrie.

La province de **Transylvanie,** habitée par des Roumains et des Allemands est regardée comme une annexe de la Hongrie. La capitale est *Klausenbourg;* ville principale *Hermannstadt.*

2º La province de **Fiume :** capitale *Fiume,* port sur l'Adriatique.

3º La **Croatie** et l'**Esclavonie** (pays slaves) : capitale *Agram,* ville principale *Eszeck.*

4º Les **Confins militaires :** villes principales *Peterwardein* et *Semlin,* sur le Danube.

Population. Religion. Gouvernement. — La population totale de l'empire est de 37 millions et demi d'habitants, dont 9,600,000 Allemands, 5,900,000 Hongrois, 3,000,000 de Roumains et près de 17 millions de Slaves : l'allemand, les divers dialectes slaves et le hongrois sont les langues les plus répandues. La religion catholique domine, mais les protestants, les grecs et les juifs sont nombreux.

Le gouvernement est une monarchie dont le chef porte le titre d'empereur d'Autriche et de roi de Hongrie. Indépendamment du conseil de l'empire (*Reichsrath*), qui doit délibérer sur les intérêts communs, chaque province a ses diètes particulières, et la Hongrie jouit d'une constitution spéciale.

Productions. Commerce. — Maîtresse de la plus grande partie du cours du Danube, et du plus beau port de l'Adriatique, riche en vins, en céréales, en forêts, en tabacs, en plantes textiles, en mines de fer, d'argent, de mercure et de sel, l'Autriche possède d'importantes industries, verrerie, lainages, toiles, forges et fonderies, mais l'imperfection des voies de communication dans la partie orientale de l'empire et la diversité des races qui le composent, opposent au progrès de sérieux obstacles.

IV (N° 26)

SUISSE.

Limites. — La Suisse ou Confédération helvétique est bornée au nord par le grand-duché de Bade et le Wurtemberg, dont elle est en partie séparée par le Rhin, au nord-est par le lac de Constance, à l'est par l'empire d'Autriche, au sud par le royaume d'Italie dont elle est séparée par les Alpes, à l'ouest par la France, dont elle est séparée par les Alpes du Valais, le lac de Genève et le *Jura*.

Montagnes. — Sauf dans sa partie septentrionale, la Suisse est hérissée de montagnes, dont les neiges et les glaciers servent de réservoirs aux plus grands fleuves de l'Europe occidentale. Elle est traversée ou limitée par la chaîne de partage des eaux de l'Europe sous le nom d'*Alpes Algaviennes*, d'*Alpes centrales* ou *Lépontiennes*, dont les principaux sommets sont le *Splügen* et le *Saint-Gothard;* d'*Alpes Bernoises* dont les principaux sommets sont la *Jungfrau* (4,200 m.), et le *Finster-Aar-Horn* (4,400 m.), de *Jorat* et de *Jura*.

Des Alpes centrales se détachent vers le sud-ouest les Alpes *Pennines* qui renferment le *Simplon*, le mont *Rose*, le point le plus élevé de la Suisse, le mont *Cervin* et le mont *Saint-Bernard*.

Fleuves. — Du massif du Saint-Gothard descendent : au sud le *Tésin*, véritable source du Pô, qui forme le lac *Majeur ;* à l'est l'*Inn*, véritable source du Danube ; à l'ouest le *Rhône* qui forme le lac *Léman* ou de *Genève ;* enfin au nord le *Rhin* qui forme le lac de *Constance*, et reçoit à gauche la *Thur*, l'*Aar*, déversoir des lacs de *Thunn* et de *Brienz*, et grossie elle-même à droite de la *Reuss*, déversoir des lacs de *Lucerne* ou des *Quatre-Cantons*, et qui reçoit par la *Limmat* les eaux du lac *Zurich ;* à gauche de l'*Orbe*, déversoir des lacs de *Bienne* et de *Neuchâtel*.

Divisions et villes principales. — La Suisse se

divise en 22 cantons (25 par le dédoublement de 3 des cantons), dont 5 au nord :

1° Les cantons de **Bâle** : capitale Bâle sur le Rhin, l'une des premières villes industrielles de la Suisse (soieries).

2° D'**Argovie** : capitale *Aarau ;*

3° De **Zurich** : capitale *Zurich*, grand centre manufacturier (cotonnades et soieries) ;

4° De **Schaffhouse** : capitale *Schaffhouse*, sur la rive droite du Rhin ;

5° De **Thurgovie** : capitale *Frauenfeld*.

6°, 7° et 8° Trois à l'est : Les cantons de **Saint-Gall** : capitale *Saint-Gall*, et d'**Appenzell** : capitale *Appenzell*, centres de la fabrication des mousselines et des broderies ; et le canton des **Grisons** : capitale *Coire*, sur le Rhin, entrepôt du commerce avec l'Italie, par la route du Splugen.

9° Deux au sud : le **Tésin** : capitale *Bellinzona*, sur le Tésin ; ville principale *Lugano,* importante par la filature de la soie.

10° Le **Valais** : capitale *Sion*, sur le Rhône.

11° Trois à l'ouest : les cantons de **Vaud** : capitale *Lausanne*, près du lac de Genève.

12° De **Genève** : capitale *Genève*, à l'extrémité sud-ouest du lac, la ville la plus peuplée de la Suisse (68,000 h.), métropole de l'industrie de l'horlogerie et de la bijouterie.

13° De **Neuchâtel** : capitale *Neuchâtel,* villes principales la *Chaux-de-Fonds,* et le *Locle,* grandes fabriques d'horlogerie.

14° Huit au centre : Les cantons de **Berne** : capitale *Berne*, sur l'Aar, capitale de la Confédération.

15° De **Fribourg** : capitale *Fribourg.*

16° De **Soleure** : capitale *Soleure*, sur l'Aar.

17° De **Lucerne** : capitale *Lucerne.*

18° De **Zug** : capitale *Zug.*

19° De **Glaris** : capitale *Glaris.*

20°, 21°, 22° d'**Uri** : capitale *Altorf ;* de **Schwytz** : capitale *Schwytz,* et d'**Unterwald** : capitale *Stanz,* les trois premiers cantons helvétiques qui aient proclamé leur indépendance (1307).

Population, gouvernement. — La population de la Suisse est de 2,860,000 habitants : le français dans l'ouest, l'italien dans le sud, un dialecte allemand dans le reste de la Suisse sont les langues les plus répandues. Le protestantisme domine dans l'ouest et dans le nord, le catholicisme dans le centre ; les autres cantons sont mixtes.

Le gouvernement est une république fédérative qui laisse à chaque canton l'indépendance de son administration intérieure. Les intérêts communs sont traités par une diète formée d'un *Conseil national* et d'un *Conseil des États* qui résident à Berne. La diète nomme un *Conseil fédéral* qui représente le pouvoir exécutif et qui siège à Berne.

Productions. — Malgré ses montagnes et ses glaciers, la Suisse doit à ses admirables pâturages, à ses forêts, à son industrie, à ses chemins de fer, à sa position géographique qui en fait l'intermédiaire entre l'Allemagne, l'Italie et la France, enfin à la supériorité de l'instruction populaire, une prospérité commerciale et une importance industrielle hors de proportion avec l'étendue de son territoire.

CHAPITRE III

RÉGION MÉRIDIONALE.

VERSANTS DE L'ATLANTIQUE ET DE LA MÉDITERRANÉE.

I (Nº 27)

ROYAUME D'ESPAGNE.

Limites. — Le royaume d'Espagne est borné au nord par le *golfe de Gascogne*, la *Bidassoa* et les *Pyrénées*, qui le séparent de la France, à l'est par la mer Méditerranée, au sud par la Méditerranée et le détroit de Gibraltar, à l'ouest par l'océan Atlantique et le Portugal.

Le groupe des **Baléares** (*Majorque*, *Minorque* et *Iviça*, etc.), dans la Méditerranée, lui appartient.

Montagnes et fleuves. — L'Espagne a la forme d'un vaste plateau sillonné de vallées profondes, plongeant par de brusques escarpements dans le golfe de Gascogne et s'abaissant en pentes plus douces à l'ouest et à l'est. Elle est limitée au nord par les *Pyrénées,* qui se prolongent par les monts *Cantabres* jusqu'aux caps *Ortégal* et *Finistère.*

Elle est traversée du nord au sud par la chaîne des *monts Ibériques,* âpres plateaux qui séparent le versant de l'Atlantique de celui de la Méditerranée, et se terminent par la *Sierra Nevada* jusqu'à la pointe de *Tarifa.*

Les principaux fleuves du versant de l'Atlantique sont du sud au nord, le *Guadalquivir;*

La *Guadiana,* dont le bassin est séparé de celui du Guadalquivir par la *Sierra Morena;*

Le *Tage,* dont le bassin est séparé de celui de la Guadiana par les monts de *Tolède* et la *Sierra de Monchique,* qui se termine au cap *Saint-Vincent* en Portugal ;

Le *Douro,* dont le bassin est séparé de celui du Tage par les *Sierras de Guadarrama* et d'*Avila* et les *Sierras d'Estrella,* et de *Cintra,* qui se terminent au cap *Roca* en Portugal ;

Le *Minho* séparé du Douro par les montagnes de Galice.

Les principaux fleuves du versant de la Méditerranée sont, du nord au sud, l'*Ebre* grossi sur la rive gauche de la *Ségra,* du *Gallégo* et de l'*Aragon,* qui descendent des Pyrénées ; le *Guadalaviar,* le *Xucar* et la *Ségura.*

Divisions et villes principales. — La capitale de l'Espagne est **Madrid** (400,000 h.).

L'Espagne se divise en 49 provinces, mais l'usage a conservé le nom des anciennes divisions, qui correspondent à peu près aux capitaineries générales ou gouvernements militaires et qui sont au nombre de 15.

Ce sont, au nord (de l'ouest à l'est) : 1° La Galice : villes principales *Saint-Jacques de Compostelle, la Corogne* et *le Ferrol,* arsenaux maritimes.

2° Les **Asturies :** capitale *Oviédo,* ville principale *Gijon,* port sur le golfe de Gascogne.

3° La **Vieille-Castille :** capitale *Burgos,* villes principales *Valladolid, Ségovie* et *Santander,* port sur le golfe de Gascogne.

4° Les **Provinces Basques :** (*Biscaye, Alava* et *Guipuscoa*) : capitale *Bilbao,* villes principales *Saint-Sébastien,* port sur le golfe de Gascogne, et *Vitoria* (défaite des Français en 1813).

5° La **Navarre :** capitale *Pampelune,* au pied des Pyrénées.

6° L'**Aragon :** capitale *Saragosse,* sur l'Ebre.

7° La **Catalogne :** capitale *Barcelone,* sur la Méditerranée (250,000 h.), le premier port et la première ville industrielle de l'Espagne; villes principales *Reus* et *Tarragone,* importantes par leurs fabriques de toiles et de cotonnades ; *Tortose,* à l'embouchure de l'Èbre ; *Lérida,* place forte.

8° A l'est la **Province de Valence :** capitale *Valence,* port de commerce et ville d'industrie, sur le Guadalaviar; ville principale *Alicante,* port de commerce sur la Méditerranée, l'un des grands marchés pour les vins.

9° La province de **Murcie :** capitale *Murcie,* ville principale *Carthagène,* port de guerre sur la Méditerranée.

10° Les **Baléares :** capitale *Palma* dans l'île Majorque, ville principale *Port-Mahon,* dans l'île Minorque.

11° Au sud la **Province de Grenade :** capitale *Grenade,* villes principales *Almeria* et *Malaga,* sur la Méditerranée, région importante par ses mines de plomb.

12° L'**Andalousie :** capitale *Séville,* sur le Guadalquivir; villes principales *Cordoue,* sur le même fleuve; *Cadix,* port de guerre et de commerce sur l'Atlantique; *Xérès* (711), *Gibraltar,* possession anglaise.

13° A l'ouest l'**Estramadure :** capitale *Badajoz,* sur la Guadiana.

14° La **Province de Léon :** capitale *Léon ;* ville principale *Salamanque,* université célèbre.

15° Au centre, la **Nouvelle-Castille** et la **Manche :**

capitale *Madrid ;* villes principales *Tolède*, sur le Tage, et *Ciudad-Real.*

Le groupe des îles **Canaries**, sur la côte d'Afrique, ville principale *Sainte-Croix* de *Ténériffe*, est regardé comme partie intégrante du territoire espagnol (290,000 hab.).

Population, religion, gouvernement. — La population de l'Espagne est de 16 millions et demi d'habitants : la religion catholique y est presque seule pratiquée. Le gouvernement est une monarchie constitutionnelle. Le pouvoir législatif appartient aux Cortès, composées de deux chambres, l'une élective, l'autre à la nomination du chef de l'Etat (Sénat).

Productions. — L'Espagne, malgré ses montagnes, ses plateaux dépouillés et son climat tour à tour âpre et brûlant, produit en abondance les céréales, les vins, les huiles, les oranges, les dattes ; elle nourrit de nombreux troupeaux de bœufs, de chevaux, de moutons mérinos ; elle exploite des mines de plomb, de mercure (*Almaden*), de fer, de cuivre ; mais l'industrie est presque entièrement concentrée dans la province de Catalogne ; les routes et les chemins de fer sont insuffisants, les fleuves peu navigables, et les discordes politiques y entravent le progrès.

Colonies. — Les colonies espagnoles sont : en *Afrique*, Ceuta, au Maroc, et les îles Annobon et Fernan-do-Po ;

En *Amérique*, les îles de Cuba et de Porto-Rico ;

En *Océanie*, les îles Philippines, Carolines et Mariannes.

II (N° 27)

ROYAUME DE PORTUGAL.

Situation. Géographie physique. — Le royaume de Portugal est borné au nord et à l'est par l'Espagne, au sud et à l'ouest par l'Atlantique. Il est traversé en tous sens par la prolongation des sierras espagnoles et arrosé par le *Tage* et le *Douro*, qui y creusent des vallées profondes.

Divisions et villes principales. — La capitale est **Lisbonne**, sur le Tage (230,000 h.).

La partie continentale du Portugal est divisée en 17 districts, mais l'usage a maintenu les noms des anciennes provinces, qui sont au nombre de six :

1° (du nord au sud) **Entre Douho et Minho :** capitale *Braga;* ville principale *Porto*, sur le Douro, le second port du Portugal.

2° **Tras-os-Montes :** capitale *Bragance*.

3° **Beïra :** capitale *Coïmbre,* université célèbre.

4° **Estramadure** : capitale *Lisbonne*, villes principales *Santarem*, sur le Tage, et *Sétuval,* le troisième port du royaume.

5° **Alemtejo :** capitale *Evora*.

6° **Algarves :** capitale *Tavira*, ville principale *Lagos*, port sur l'Atlantique.

Population, gouvernement. — La population, sans y comprendre celle des îles *Açores* et *Madères* (400,000 hab.), regardées comme partie intégrante du territoire portugais, est de 4,400,000 habitants, presque tous catholiques.

Le gouvernement est une monarchie constitutionnelle avec deux chambres, l'une élective, celle des députés, l'autre héréditaire ou à vie, celle des pairs.

La situation maritime du Portugal, ses colonies d'Afrique (îles du Cap-Vert, Sénégambie, îles Saint-Thomas et du Prince, Congo, Mozambique) ; d'Asie (Goa et Diu, Macao) ; et d'Océanie (Timor), les produits du sol, vins, huiles, céréales, la richesse de ses mines et de ses salines compensent l'insuffisance de son industrie.

III (N° 28)

ROYAUME D'ITALIE.

Limites. — L'Italie est bornée : au nord par la chaîne des Alpes, qui la sépare de la France, de la Suisse et de l'Autriche ; à l'est par la mer Adriatique et le *canal d'O-*

trante ; au sud par la mer Ionienne, qui forme le *golfe de Tarente,* et par la Méditerranée ; à l'ouest par la mer Tyrrhénienne, qui forme les *golfes de Naples* et de *Gênes.*

Iles. — De l'Italie dépendent les îles de *Sardaigne,* d'*Elbe,* sur les côtes de Toscane, de *Procida,* d'*Ischia,* et de *Capri,* dans le golfe de Naples ; les îles *Ægates* et *Lipari,* la *Sicile,* séparée de l'Italie par le *détroit de Messine,* et le groupe de **Malte** (capitale *La Valette*), de *Gozzo* et de *Comino,* important par sa position entre la Sicile et l'Afrique, et qui appartient à l'Angleterre.

Montagnes et fleuves. — Le nord de l'Italie est une vaste et riche plaine, entourée et dominée par les chaînes des **Alpes,** *Maritimes, Cottiennes* (Mont Cenis), *Grées* (Mont Blanc, 4,810 mètres), *Pennines* (Monts Saint-Bernard, Cervin, Rose, Simplon), *Centrales* (Saint-Gothard et Splügen), *Rhétiques* et *Carniques.*

Cette plaine est arrosée par un grand fleuve, le **Pô,** qui prend sa source au mont *Viso,* coule de l'ouest à l'est et se jette dans l'Adriatique. Il reçoit à droite le *Tanaro,* qui vient des Alpes Maritimes, la *Trebbia,* le *Panaro,* descendus des Apennins, à gauche les deux *Doria,* la *Sésia,* le *Tésin,* qui forme le lac *Majeur ;* l'*Adda,* qui forme le lac de *Côme ;* l'*Oglio,* qui forme le lac d'*Iseo ;* le *Mincio,* qui forme le lac de *Garde,* et qui descendent des Alpes.

D'autres fleuves moins importants, l'*Adige,* la *Brenta,* la *Piave,* le *Tagliamento,* versent dans le golfe de Venise les eaux des Alpes orientales.

L'Italie péninsulaire est divisée en deux versants iné-gaux, par la chaîne des **Apennins,** qui commence au nord du golfe de Gênes, au col de *Cadibone,* se prolonge du nord au sud jusqu'aux caps *Spartivento* et *Leuca,* à l'extrémité de l'Italie, et se relève même en Sicile par le massif volcanique l'*Etna.* Au système de l'Apennin appartient le volcan du *Vésuve.*

Les principaux cours d'eau de l'Italie péninsulaire sont : dans la mer Tyrrhénienne, l'*Arno,* le *Tibre,* le *Gari-gliano,* et le *Volturno ;* dans l'Adriatique, l'*Ofanto,* le *Me-*

tauro, etc. Outre les lacs du bassin du Pô, l'Italie renferme plusieurs lacs volcaniques, ceux de *Pérouse* (ancien lac de *Trasimène*), d'*Albano*, le lac *Averne*.

Divisions politiques. — L'Italie ne renferme plus qu'un Etat : le royaume d'Italie qui comprend toute la Péninsule. La capitale est **Rome**, sur le Tibre (290,000 hab.). Le royaume est divisé en 69 préfectures, mais les noms des anciennes divisions ne sont pas effacés : les principales sont :

1° et 2° Au nord le **Piémont** et la **Ligurie :** capitales *Turin* (230,000 h.), ville de commerce et d'industrie et l'une des universités les plus célèbres de l'Italie, et *Gênes* (160,000 h.), le premier port de commerce italien ; villes principales la *Spezzia*, port de guerre ; *Savone* et *Port-Maurice*, sur le golfe de Gênes ; *Alexandrie*, ville forte sur le Tanaro ; *Verceil*, sur la Sesia ; *Mondovi* (1796), *Marengo* (1800), *Novare* (1849), champs de bataille célèbres.

3° La **Lombardie :** capitale *Milan* (260,000 hab.), la première ville industrielle de l'Italie ; villes principales *Brescia*, qui fabrique des toiles et des armes ; *Crémone*, sur le Pô, *Pavie* sur le Tésin ; *Marignan* (1515-1859), *Lodi* (1796), *Castiglione* (1796), *Magenta* et *Solferino* (1859), illustrées par des victoires françaises.

4° La **Vénétie :** capitale *Venise*, dans les lagunes de l'Adriatique (130,000 hab.), autrefois le premier port de la Méditerranée ; villes principales *Mantoue*, sur le Mincio ; *Vérone*, sur l'Adige, places fortes ; *Padoue*, *Vicence*, *Trévise*, importantes par leurs manufactures de soie ; *Arcole* (1796), *Rivoli* (1797), célèbres par les campagnes de Bonaparte.

5° L'**Emilie :** capitale *Bologne* (110,000 hab.), l'un des centres de l'industrie du lin et de la soie ; villes principales *Ferrare*, sur le Pô ; *Plaisance* (*id.*) ; *Parme*, capitale de l'ancien duché de Parme ; *Modène* et *Reggio*, dans l'ancien duché de Modène.

6° A l'est, les **Marches :** capitale *Ancône*, port de commerce et de guerre sur l'Adriatique.

7° L'**Ombrie :** capitale *Pérouse*.

8° La partie orientale de l'ancien royaume de Naples (**Abruzzes, Capitanate**) : villes principales *Teramo Chieti, Foggia*, dans l'intérieur ; *Trani, Bari, Brindes* et *Otrante*, ports sur l'Adriatique.

9°, 10°, 11° et 12° Au sud et au sud-ouest, la partie méridionale et occidentale de l'ancien royaume de Naples (**Basilicate, Calabres, Pouille, Terre de Labour**): villes principales **Naples** (460,000 hab.), la ville la plus peuplée et le plus beau port de l'Italie, au pied du Vésuve ; *Gaëte*, port et place de guerre ; *Salerne*, sur la mer Tyrrhénienne ; *Reggio*, sur le détroit de Messine ; *Tarente*, sur le golfe du même nom ; *Capoue* et *Caserte*, dans la Terre de Labour ; *Bénévent*, etc.

13° A l'ouest, la province de **Rome :** capitale *Rome*, capitale du royaume et résidence du souverain pontife, villes principales *Civita-Vecchia*, port sur la mer Tyrrhénienne, et *Viterbe*, au pied de l'Apennin.

14° La **Toscane** : capitale *Florence* (160,000 hab.), sur l'Arno ; villes principales *Livourne*, le second port commerçant de l'Italie ; *Pise*, aux bouches de l'Arno ; *Sienne* et *Empoli*, où se fabriquent les fameuses pailles d'Italie ; *Lucques*, capitale d'un ancien duché.

15° L'île de **Sardaigne :** capitale *Cagliari*, au sud de l'île ; ville principale *Sassari*, au nord.

16° L'île de **Sicile :** capitale *Palerme* (235,000 hab.), villes principales *Messine*, sur la côte septentrionale; *Trapani* et *Marsala* à l'ouest, *Girgenti* au sud, *Syracuse* et *Catane* à l'est.

Population, gouvernement. — La population est de 28 millions et demi d'habitants. La religion de l'immense majorité est le catholicisme. Le gouvernement est une monarchie constitutionnelle. Des deux Chambres, l'une, celle des *Députés*, est élective : l'autre, le *Sénat*, nommée à vie par le roi.

L'admirable situation de l'Italie, sa fertilité, la variété de ses productions naturelles, céréales, vins, huiles, riz, oranges, lins, matières tinctoriales, soies, laines, les mines de fer de l'île d'Elbe et du Piémont, les cuivres et les plombs de Toscane et de Sardaigne, les marbres de l'Apennin (marbres de *Carrare*), les soufres de Sicile, le corail des côtes de Sardaigne, lui assurent un brillant avenir commercial et industriel, quand la paix lui aura permis de multiplier ses chemins de fer, ses lignes de navigation, de relever ses finances, et de mettre son industrie au niveau de ses richesses naturelles.

IV (N° 29)

TURQUIE D'EUROPE.

Limites. — La Turquie d'Europe proprement dite, sans y comprendre les principautés aujourd'hui indépendantes de Roumanie et de Serbie, est bornée au nord par le *Danube*, la Serbie et l'Autriche-Hongrie ; à l'ouest par l'Adriatique, le canal d'Otrante et la mer Ionienne ; au sud par le royaume de Grèce, l'Archipel, le détroit de *Gallipoli* ou des *Dardanelles*, la mer de *Marmara* et le *Bosphore*, à l'est par la mer Noire.

Iles. — Les îles qui en dépendent sont : dans la Méditerranée, l'île montagneuse de *Candie* (ancienne *Crète*) : et dans l'Archipel les îles de *Thaso*, de *Samothraki*, d'*Imbro* et de *Lemno*.

Montagnes et fleuves. — La Turquie d'Europe est traversée du nord au sud par la prolongation des *Alpes dinariques* et par les *Alpes helléniques ;* et de l'ouest à l'est par les *Balkans*, qui couvrent de leurs ramifications la Macédoine et la Thrace.

Les principaux cours d'eau sont :

Dans le versant de la mer Noire, le *Danube ;*

Dans le versant de l'Adriatique, le *Drin*, et le *Voïoussa* (ancien *Aoüs*).

Dans le versant de l'Archipel, le *Vardar* (Axius), le *Strouma* (Strymon), et la *Maritza* (Hèbre).

Divisions, villes principales. — La Turquie d'Europe a pour capitale **Constantinople**, sur le Bos-

phore, un des plus beaux ports du monde et l'un des plus
fréquentés (600,000 h.).

Elle se divisait avant les derniers événements en **9** départements ou *vilayets*.

Les possessions qu'elle a conservées sont, outre le
vilayet de Constantinople :

1° La **Thrace**, dont les villes les plus importantes
sont *Andrinople* sur la Maritza, et *Gallipoli* sur le détroit
des Dardanelles.

2° La **Macédoine** méridionale, avec les villes de
Salonique, sur le golfe du même nom (Archipel), de
Sérès, centre de la culture du coton, et de *Monastir*.

3° La **Macédoine** septentrionale avec les villes
d'*Ouskoup* et de *Prisrend*.

4° L'**Albanie** (ancienne Illyrie), dont les principales
villes sont *Scutari*, et le port de *Durazzo* sur l'Adriatique.

5° L'**Epire**, entre le Pinde et la mer Ionienne; ville
principale *Janina*.

6° La **Roumélie** orientale, entre les Balkans au nord,
la mer Noire à l'est, la Thrace au sud et la Macédoine à
l'ouest, province autonome dont la capitale est *Philippopoli*.

7° La **Crète**, qui jouit également d'une constitution
spéciale : cap. *Candie;* v. pr. *la Canée*, sur l'Archipel.

Les provinces de **Bosnie** et d'**Herzégovine**, entre la
Save au nord, la Serbie à l'est, la Turquie et le Montenegro au sud, et la province autrichienne de Dalmatie à
l'ouest, sont occupées et administrées par l'Autriche, tout
en restant nominalement sous la souveraineté du sultan :
c'est une annexion déguisée. Elles comptent environ
1,250,000 habitants bosniaques, serbes et turcs, dont
870,000 chrétiens. — Les principales villes sont : *Sera-
jevo* ou *Bosna-Séraï*, en Bosnie, *Mostar* et *Gatchko* en
Herzégovine.

La **Bulgarie**, entre le Danube, la Serbie, les Balkans
et la mer Noire, forme une principauté vassale du sultan,
mais autonome (2,000,000 d'habitants, dont 680,000 mu-

sulmans). La capitale est *Sophia* au pied des Balkans ; les principales villes sont : *Tirnova*, *Silistrie*, *Roustchouk*, et *Widdin*, sur le Danube, *Choumla*, sur le versant septentrional des Balkans, et *Varna*, sur la mer Noire.

Population, religion, gouvernement. — La population des provinces qui restent sous l'autorité effective du sultan est d'environ 5,500,000 habitants parlant le turc, le grec, le bulgare, l'albanais, etc., dont moins de 2 millions de musulmans et 3 millions et demi de grecs schismatiques, ayant pour chef religieux le patriarche de Constantinople.

Le gouvernement, dont le chef porte le nom de *Sultan* ou *padishah*, est absolu de fait, bien que la Turquie ait une constitution depuis 1876 : le sultan est chef de la religion comme de l'Etat.

Productions. — La Turquie a d'admirables ressources naturelles : mines, forêts, céréales, oliviers, coton, soies, laines, etc. ; mais ni industrie, ni routes, ni finances ; l'antagonisme des races et des religions contribue à y arrêter le progrès.

ÉTATS DANUBIENS ET MONTENEGRO.

De la Turquie d'Europe dépendaient autrefois comme Etats tributaires, devenus indépendants par le traité de Berlin (1878) :

1° La **Serbie,** située sur la rive droite du Danube et constituée en 1829 sous des princes héréditaires, indépendants depuis 1878 ; pays riche en bestiaux, en mines et en forêts : capitale *Belgrade,* sur le Danube ; v. pr. *Nisch* et *Alexinatz.* La Serbie est un royaume depuis 1882.

La population est de 1,700,000 habitants, presque tous slaves d'origine et grecs de religion.

2° Les **Principautés-Unies** de **Moldavie** et de **Valachie** ou **Roumanie,** constituées en 1855 et 1858, sous la garantie des grandes puissances, et indépendantes depuis 1878, forment un royaume depuis 1881. Elles sont bornées : au nord et au nord-ouest par les *Carpathes*, qui les séparent de l'Autriche ; à l'est par le Pruth et le Danube, qui les séparent de la Russie ; à l'ouest et au sud par le Danube qui les sépare de la Serbie et de la Bulgarie, et par une ligne de convention tracée entre le Danube (Silistrie) et la mer Noire et limitant la province de *Dobrutscha* assignée à la Roumanie par le traité de Berlin, en échange de la Bessarabie roumaine et de la rive gauche du Danube cédées à la Russie.

Le Danube reçoit à gauche l'*Aluta*, le *Séreth* et le *Pruth*, et se jette dans la mer Noire par plusieurs bouches dont deux facilement navigables, celles de *Sulina* et de *Saint-Georges*. La capitale de la Roumanie est **Bukharest** (*Valachie*) ; les villes principales : *Yassi* (*Moldavie*), *Galatz* et *Braïla*, sur le cours inférieur du Danube ; *Giurgewo*, *Kalafat*, sur le Danube ; *Craïowa*, *Ploiesti* et *Tergowitz*, dans l'intérieur.

La population est de 5 millions et demi d'habitants, de langue néo-latine, et qui portent le nom de Roumains. La religion grecque domine. Le gouvernement appartient à un souverain héréditaire, et à une assemblée composée d'un Sénat et d'une Chambre des représentants. Les céréales, les bois et les bestiaux sont la principale richesse du pays, dont l'industrie est peu avancée.

3° Le **Montenegro** (en slave *Tchernagora*, montagne noire), petit État gouverné par des princes indépendants et habité par environ 220,000 montagnards qui ont toujours défendu leur religion et leur liberté, est situé au sud-ouest de la Bosnie ; le principal bourg est *Cettigne*. Le port d'*Antivari* sur l'Adriatique, et la ville de *Podgoritza* ont été cédés au Montenegro par le traité de Berlin.

V (N° 29)

ROYAUME DE GRÈCE.

Limites. — Le royaume de Grèce est borné : au nord

par la Turquie d'Europe; à l'ouest par la mer Ionienne, qui forme le golfe de *Corinthe* ou de *Lépante;* au sud par la Méditerranée, qui forme les golfes de *Coron* et de *Marathonisi;* à l'est par l'Archipel, qui forme les golfes de *Nauplie,* d'*Egine* et de *Volo.*

Les îles *Ioniennes,* les *Cyclades* et l'*Eubée* (*Négrepont*) lui appartiennent.

Montagnes et fleuves. — La Grèce est couverte des ramifications des *Alpes helléniques,* qui se terminent au cap *Matapan,* entre les golfes de Coron et de Marathonisi.

Les cours d'eau ne sont que des torrents : les plus connus sont l'*Aspro-Potamo* (Achéloüs), qui se jette dans le golfe de Corinthe, l'*Eurotas,* dans le golfe de Marathonisi, et le *Salamyria* (Pénée), dans l'Archipel.

Divisions politiques. Villes principales. — La capitale est **Athènes** (65,000 hab.), qui a pour port le *Pirée,* sur le golfe d'Egine.

La Grèce se divise en 15 préfectures, que l'on peut réduire à quatre divisions principales :

1° L'**Epire** et la **Thessalie** au nord; v. pr. *Arta* sur la mer Ionienne, *Volo* sur l'Archipel, *Larisse* et *Tirkhala* sur le Pénée.

2° La **Hellade** au centre; villes principales *Athènes, Thèbes; Missolonghi* et *Lépante,* sur le golfe de Lépante.

3° La **Morée,** réunie à la Hellade par l'isthme de Corinthe, dont le percement vient d'être entrepris en 1882 ; villes principales *Patras,* sur le golfe de Lépante ; *Navarin* (bataille navale de 1827), sur la mer Ionienne ; *Coron* et *Nauplie* sur les golfes des mêmes noms, *Sparte* et *Tripolitza* dans l'intérieur.

4° Les *Iles,* qui comprennent : 1° dans la mer Ionienne, les îles **Ioniennes,** cédées à la Grèce par l'Angleterre; *Corfou,* capitale *Corfou; Paxo, Sainte-Maure, Theaki* (Ithaque), *Céphalonie, Zante* (Zacynthe) et *Cérigo* (Cythère), au sud de la Morée.

1° Dans l'Archipel, la grande île d'**Eubée** ou **Négre-**

pont, capitale *Chalcis;* les îles d'*Egine* et d'*Hydra*, et les *Cyclades*, dont les principales sont : *Santorin, Milo, Paros, Naxie, Andro* et *Syra*, capitale *Syra* ou *Hermopolis*, le port le plus fréquenté de la Grèce.

Population, religion. — La population est de 2,070,000 habitants, parlant la langue grecque et appartenant presque tous à la religion grecque schismatique. Le gouvernement est une monarchie constitutionnelle, avec deux chambres, un sénat et une chambre des représentants.

Les agitations politiques, le manque de routes, l'absence d'industrie ont paralysé jusqu'ici les ressources maritimes de la Grèce, son agriculture (oliviers, orangers, coton, forêts, soies, laines), et l'exploitation de ses richesses minérales, marbres, fer, argent, etc.

CHAPITRE IV (N° 30)

RÉGION ORIENTALE.

EMPIRE DE RUSSIE

Limites. — La Russie d'Europe, en y comprenant la Pologne russe, est bornée au nord par l'océan Glacial qui forme la mer *Blanche* et qui baigne les îles de *Waïgatch* et de la *Nouvelle-Zemble;* à l'ouest, par la Norwège, la Suède, la mer Baltique, qui forme les golfes de *Botnie*, de *Finlande* et de *Livonie* et qui baigne les îles d'*Aland*, d'*Abo*, de *Dago* et d'*Œsel;* par la Prusse, l'Autriche-Hongrie et la Roumanie; au sud par la mer Noire, le détroit de *Kertch* (*Iénikalé*), la mer d'*Azof* et le *Caucase;* à l'est, par la mer *Caspienne*, le fleuve *Oural* et les monts *Ourals,* limites de l'Europe et de l'Asie·

Montagnes, fleuves et lacs. — La Russie n'est traversée que par des chaînes de collines peu élevées, dont la principale est celle qui forme la ligne de partage des eaux de l'Europe, sous le nom de plateaux d'*Uwalli,* plateaux de *Waldaï* et collines de *Pologne.* Du plateau de Waldaï se détachent, au nord, les plateaux rocheux connus sous le nom de monts *Olonetz.*

Les principaux fleuves sont : 1° dans le versant de l'océan Glacial, la *Petchora,* la *Dwina,* l'*Onéga.*

2° Dans le versant de la mer Baltique, la *Néva,* qui sert de déversoir aux lacs *Onéga, Ladoga, Saïma* et *Ilmen,* la *Duna* (golfe de Livonie), le *Niémen* et la *Vistule,* grossie du *Bug.*

3° Dans le versant de la mer Noire, le *Dniester,* le *Boug* et le *Dnieper,* grossi, à gauche, de la *Desna,* à droite de la *Bérézina;* le *Don* et le *Kouban,* qui se jettent dans la mer d'Azof. Presque tous ces fleuves coulent du nord au sud.

4° Dans le versant de la mer Caspienne, le *Térek,* le **Volga,** le plus grand fleuve de l'Europe grossi à gauche de la *Kama,* à droite de l'*Oka,* et le fleuve *Oural.*

Divisions politiques. — La Russie sans y comprendre la lieutenance-générale du Caucase, la Sibérie et les autres possessions d'Asie, se divise en **68** gouvernements, en y comprenant les **8** districts de la Finlande.

La capitale est **Saint-Pétersbourg,** située dans la province de Finlande, à l'embouchure de la Néva (700,000 hab.), le port le plus fréquenté de la Russie, défendu par la citadelle de *Kronstadt.*

Villes principales. — Les principaux ports sont : sur la mer Blanche, *Arkhangel,* aux bouches de la Dwina.

Sur la mer Baltique, *Abo* et *Helsingfors,* en **Finlande;** *Revel,* en **Esthonie;** *Riga,* en **Livonie,** à l'embouchure de la Duna; *Libau,* en **Courlande,** le seul qui ne gèle presque jamais :

Sur la mer Noire, *Kilia* et *Ismaïl* sur le Danube; *Odessa* le second port marchand de la Russie, en **Bessarabie;** *Nicolaïeff* sur le Boug, *Kherson,* à l'embouchure du Dnieper; *Caffa,* au sud de la **Crimée,** *Kertch,* à l'est, et *Sébastopol,* au sud-ouest, port de guerre pris par les Français et les Anglais en 1855 :

Sur la mer d'Azof, *Taganrog* et *Rostow,* à l'embouchure du Don;

Sur la mer Caspienne, *Astrakhan*, à l'embouchure du Volga.

Les principales villes de l'intérieur sont : **Moscou**, au centre de l'empire, dont elle était autrefois la capitale (600,000 h.) ; *Toula* et *Kalouga*, deux des métropoles de l'industrie russe, au sud de Moscou ; *Tzaritzin, Samara, Saratoff, Kazan, Nijni-Novogorod*, célèbre par ses foires, et *Twer*, les principaux ports du Volga, ce dernier à la tête du système de canaux qui unit le Volga à la Baltique par la Néva, et à la mer Blanche par la Dwina ; *Vilna*, capitale de la **Lithuanie**, *Smolensk* et *Kiew*, sur le Dnieper, *Poltava* (**Ukraine**), célèbre par la défaite du roi de Suède, Charles XII (1709), *Kichenew*, en Bessarabie, à l'ouest de l'empire ; *Perm*, au nord-ouest, sur la Kama, entrepôt du commerce avec la Sibérie.

Pologne. — La capitale de la **Pologne** est *Varsovie*, sur la Vistule ; les villes les plus importantes : *Radom* et *Lublin*, au sud ; *Kalisch* et *Lodz*, à l'ouest, avec de grandes manufactures de draps ; *Pultusk*, au nord de Varsovie.

Population. Religion. Gouvernement. — La population de la Russie d'Europe est de 74 millions d'habitants ; la religion de l'État est la religion grecque schismatique, dont l'empereur est le chef ; le catholicisme domine en Pologne, le protestantisme en Finlande, la religion musulmane parmi les Tartares de Crimée. Le gouvernement est une monarchie absolue, dont le chef porte le nom de czar.

Productions. — L'immense étendue de la Russie, qui occupe la moitié de l'Europe, est plutôt un obstacle qu'une condition favorable au progrès.

Le climat est rude, même au centre et au sud ; les chemins de fer et les autres voies de communication insuffisants, la population ignorante et pauvre, l'industrie inférieure à celle du reste de l'Europe, sauf la Turquie. Cependant les richesses agricoles de la Russie, bois, lins, chanvres (dans la région du nord et du centre), graines oléagineuses et céréales, dans celle du sud-ouest, troupeaux de bœufs, de moutons et de chevaux, dans la région des steppes (bassin de la mer Caspienne et de la mer d'Azof), et ses ressources minérales, mines de fer, d'argent, d'or, de cuivre, de platine (région de l'Oural), lui assureront toujours une haute importance commerciale.

Possessions hors d'Europe. — La Russie possède en dehors de l'Europe la *Transcaucasie*, le *Turkestan* russe et la *Sibérie* en Asie.

CHAPITRE V (N° 31)

RÉGION SEPTENTRIONALE. ÉTATS SCANDINAVES.

I

DANEMARK.

Géographie physique. — Le royaume de Danemark se compose de deux parties : 1° dans la Baltique, les îles de *Seeland,* séparée de la Suède par le détroit du *Sund ;* de *Fionie,* séparée de l'île de Seeland par le *Grand-Belt,* et du continent par le *Petit-Belt ;* de *Langeland,* de *Laland,* de *Falster,* de *Moën* et de *Bornholm ;* 2° sur le continent, la presqu'île du *Jutland,* bornée au nord, par les détroits du *Skager-Rack* et du *Cattégat ;* à l'est, par la Baltique ; au sud, par la Prusse ; à l'ouest, par la mer du Nord.

Les duchés de *Lauenbourg,* *Holstein* et *Sleswick,* qui appartenaient au Danemark, lui ont été enlevés en 1864 ; mais la partie septentrionale du Sleswick aurait dû lui être restituée par la Prusse qui s'y était engagée par des traités.

Villes principales. — Le Danemark se divise en cinq provinces.

La capitale est **Copenhague** (240,000 h.), sur la côte orientale de Seeland. Les villes principales : *Elseneur,* sur le Sund ; *Odensee,* dans l'île de Fionie ; *Viborg,* *Aarhus* et *Aalborg,* sur la Baltique, dans le Jutland.

Population. — La population est de 2,100,000 habitants; la religion, le protestantisme luthérien ; le gouvernement est une monarchie constitutionnelle ; l'Assemblée législative (Rigsdag) se compose de deux Chambres, le Volks-thing ou Chambre du peuple, et le Landsthing ou Chambre des propriétaires fonciers, élues par le suffrage universel.

Malgré ses pertes récentes, le Danemark conserve encore une assez grande importance politique et commerciale par sa position à l'entrée de la Baltique, ses richesses agricoles et son excellente marine.

Colonies. — Il possède, au nord de l'Angleterre, le groupe des îles *Féroé,* dans l'Atlantique; l'*Islande* et des établissements au Groenland, dans les mers arctiques, et les îles de *Saint-Thomas, Saint-Jean* et *Sainte-Croix,* aux Antilles.

II

SUÈDE ET NORWÉGE.

Limites. — La Péninsule scandinave, qui comprend les royaumes de Suède et de Norwège, est bornée, au nord, par l'océan Glacial arctique ; au nord-ouest, par l'Atlantique ; à l'ouest, par la mer du Nord ; au sud, par les détroits du Skager-Rack, du Cattégat, du Sund, et par la Baltique ; à l'est, par le golfe de *Botnie* et par la Russie.

Iles. — Les îles de *Gottland* et d'*Œland,* dans la Baltique, appartiennent à la Suède; les îles de *Bergen* et de *Drontheim,* dans l'Atlantique, et les îles *Loffoden* et *Tromsen,* dans l'océan Glacial, à la Norwège.

Fleuves et montagnes. — Le Péninsule est traversée, depuis le cap *Nord,* sur l'océan Glacial, jusqu'au cap *Lindesness,* sur la mer du Nord, et au cap *Falsterbo,* sur la Baltique, par la chaîne des **Alpes scandinaves,** qui sépare la Suède de la Norwège.

De cette chaîne descendent : au sud, dans la Baltique, la *Tornéa,* limite entre la Suède et la Russie ; la *Pitéa,* le *Dal,* et beaucoup d'autres rivières qui forment de nombreux lacs et qui arrosent la Suède. Le sud de la

Suède est couvert de grands lacs, dont les principaux sont : le lac *Mœlar*, le lac *Vetter* et le lac *Wener*, qui s'écoule dans le Cattégat, par la *Gota*.

La Norwège est arrosée par le *Glommen* (bassin du Skager-Rack), et par un grand nombre de torrents qui tombent dans l'Atlantique et l'océan Glacial, et dont le principal est la *Tana*, entre la Russie et la Norwège.

Divisions politiques et villes principales. — La Suède se divise en 24 gouvernements ; sa capitale est **Stockholm** (170,000 h.), sur la Baltique, à l'entrée du lac Mœlar ; les principaux ports et les villes les plus importantes : *Gothembourg*, sur le Cattégat ; *Malmoë*, sur le Sund ; *Carlscrona, Calmar, Nikœping, Norrkœping*, sur la Baltique ; *Upsala*, université et archevêché, sur le lac Mœlar ; *Falun*, centre de l'industrie métallurgique en Suède.

La Norwège se divise en 17 bailliages.

La capitale est **Christiania** (80,000 h.), sur le golfe du même nom (mer du Nord) ; les principaux ports : *Christiansand*, sur la mer du Nord ; *Stavanger, Bergen* et *Drontheim*, sur l'océan Atlantique ; *Hammerfest*, sur l'océan Glacial.

Population, religion, gouvernement. — La population de la Norwège est de 1,800,000 habitants ; celle de la Suède, de 4,600,000 d'origine et de langue scandinave. La religion est le luthéranisme. Le gouvernement est une monarchie constitutionnelle ; mais, bien que les deux royaumes soient gouvernés par une même dynastie, ils sont distincts, et leur constitution est différente. En Norwège, le pouvoir législatif est exercé par deux Chambres, l'une élue par le peuple, l'autre choisie dans le sein de la première par les députés eux-mêmes. En Suède, la diète était composée de quatre ordres qui délibéraient séparément : le clergé, la noblesse, la bourgeoisie et les paysans ; mais depuis 1866 les chambres sont réduites à deux.

Avec leur climat rigoureux, leur sol âpre et montagneux au centre et au nord, marécageux sur les bords de la Baltique, la Suède et la Norwège doivent cependant à leurs bestiaux, à leurs immenses forêts de sapins, à leurs mines de cuivre, de fer et d'argent, à leurs pêcheries, à leur position maritime, une haute importance commerciale, et aux qualités de leurs populations guerrières, éclairées et laborieuses, une influence politique aujourd'hui amoindrie, mais non détruite.

RÉSUMÉ.

GÉOGRAPHIE POLITIQUE DE L'EUROPE.

Région du nord-ouest.

N° 21

I. Royaume-Uni de Grande-Bretagne et d'Irlande, entre l'Atlantique au nord et à l'ouest, la Manche au sud et la mer du Nord à l'est. — *Capitale*, Londres, sur la Tamise (3,800,000 habitants), la plus grande ville du monde. *Villes principales :* Hull, Newcastle, Sunderland, sur la mer du Nord ; Liverpool, sur la mer d'Irlande ; Bristol, sur le golfe de la Severn ; Plymouth, Portsmouth, Southampton, Douvres, sur la Manche ; Manchester, Leeds, Bradford, Halifax, Birmingham, Sheffield, centres industriels ; York, Cantorbéry, Oxford, Cambridge en ANGLETERRE. — Edimbourg, sur le Forth ; Dundee, Aberdeen, sur la mer du Nord ; Glascow, sur la Clyde (Atlantique), en ECOSSE. — Dublin et Belfast, sur la mer d'Irlande, Cork et Limerick, sur l'Atlantique, en IRLANDE. — *Population :* 35,000,000 d'habitants. — *Gouvernement*, monarchie parlementaire. — *Religion*, protestante en Angleterre et en Ecosse, catholique en Irlande.

N° 22

II. Royaume de Belgique, entre la France au sud, la Prusse à l'est, la Hollande au nord et la mer du Nord à l'ouest. — *Capitale*, Bruxelles (400,000 habitants.) *Villes principales :* Anvers, sur l'Escaut ; Ostende, sur la mer du Nord ; Gand, Bruges, Courtrai, Tournai, Malines, Mons, Charleroi, Namur, Liège, Verviers, centres industriels ; Fontenoy, Jemmapes, Fleurus, Waterloo, champs de bataille célèbres. — *Population :* 5 millions et demi d'habitants. — *Gouvernement*, monarchique constitutionnel. — *Religion*, catholique.

III. Royaume des Pays-Bas ou de Hollande, entre la mer du Nord au nord et à l'ouest, la Prusse à l'est et la Belgique au sud. — *Capitale*, la Haye. *Villes principales* : Amsterdam (326,000 habitants), sur le Zuiderzée ; Rotterdam, sur la Meuse ; Leyde, sur le Rhin ; Maëstricht, sur la Meuse ; Utrecht, Nimègue (traités de paix). — *Population*, 4 millions d'habitants. — *Gouvernement*, monarchique constitutionnel. — *Religion*, protestante. — Le grand-duché de LUXEMBOURG, *capitale*, Luxembourg, est une possession personnelle de la famille régnante des Pays-Bas.

Région centrale.

Nos 23 et 24.

I. Empire d'Allemagne composé, en 1871, de l'union des deux groupes de l'Allemagne du nord et de l'Allemagne du sud, déjà liés, avant 1871, par l'association douanière (Zollverein). L'empire d'Allemagne, situé entre la mer du Nord, le Danemark, la Baltique au nord, la Russie à l'est, l'Autriche-Hongrie et la Suisse au sud, la France, la Belgique et la Hollande à l'ouest, comprend vingt-six Etats, en comptant le gouvernement d'Alsace-Lorraine enlevé à la France par les traités de 1871, *Villes principales* : Strasbourg, Mulhouse et Metz.

Le **Royaume de Prusse**. *Capitale*, Berlin, capitale de l'empire (1,130,000 habitants). *Villes principales* : Kiel, Stettin, Dantzick, sur la Baltique ; Coblentz, Cologne, Dusseldorf, sur le Rhin ; Trèves, sur la Moselle ; Aix-la-Chapelle, Barmen, Elberfeld, dans la Prusse rhénane ; Munster, en Westphalie ; Cassel, dans la Hesse ; Hanovre, dans le Hanovre, Francfort-sur-le-Main ; Magdebourg, en Saxe, sur l'Elbe ; Breslau, en Silésie, sur l'Oder ; Kœnigsberg, sur la Prégel, Friedland, Tilsitt, dans la Prusse orientale ; Posen, en Posnanie, etc. — *Population*, 27,000,000 d'habitants. — *Gouvernement*, monarchique constitutionnel. — *Religion*, en majorité protestante.

Le **Royaume de Saxe**. *Capitale*, Dresde, sur l'Elbe. *Villes principales* : Leipzick, Chemnitz. (2,960,000 habitants.)

Le **Royaume de Bavière**. — *Capitale*, Munich. *Villes principales* : Nuremberg, Augsbourg, Ratisbonne, sur le Danube ; Spire, sur le Rhin. — *Population*, 5,300,000 d'habitants. *Religion*, catholique.

Le **Royaume de Wurtemberg**. *Capitale*, Stuttgart. *Ville principale* : Ulm. — *Population*, 1,980,000 habitants.

Six grands-duchés : Mecklembourg-Schwerin et Strelitz, Oldenbourg, Saxe-Weimar, Hesse-Darmstadt, Bade. — (*Capitale*, Carlsruhe, *Ville principale* : Heidelberg. *Population* 1,570,000 habitants).

Sept principautés : 2 Lippes, 2 Reuss, 2 Schwarzbourg, Waldeck.

Cinq duchés : 3 Saxes, Anhalt, Brunswick.

Les *trois villes hanséatiques :* Brême, sur le Wéser ; Hambourg, sur l'Elbe ; Lubeck, sur la Baltique.

L'*Alsace-Lorraine,* v. pr. Strasbourg et Metz.

Population totale des petits Etats, excepté Bade, 6,600,000, en majorité protestants. *Population de l'Allemagne,* 45 millions d'habitants.

N° 25

II. **Empire Austro-Hongrois,** entre la Russie et la Roumanie, à l'est ; la Turquie et l'Adriatique, au sud ; l'Italie, la Suisse et l'Allemagne, à l'ouest ; l'Allemagne, au nord. — *Capitale,* Vienne, sur le Danube (1,110,000 habitants). *Villes principales :* Prague, en Bohême ; Brunn, Olmutz et Austerlitz, en Moravie ; Cracovie sur la Vistule, Lemberg, en Gallicie ; Trente, sur l'Adige, dans le Tyrol ; Trieste, Zara et Raguse, sur l'Adriatique, dans les pays cisleithans (Autriche). — Pesth-Bude, capitale du royaume de Hongrie, Presbourg, sur le Danube, en Hongrie, Agram en Croatie, Klausenbourg en Transylvanie, Fiume sur l'Adriatique, dans les pays transleithans (Hongrie.) — *Population,* 37,500,000 habitants de race allemande, slave, hongroise et roumaine, de *religion* catholique, grecque et protestante. — *Gouvernement,* monarchique constitutionnel.

N° 26

III. **Suisse** ou **Confédération helvétique,** entre l'Allemagne au nord ; la France, à l'ouest ; l'Italie, au sud et l'Autriche, à l'est. — *Capitale,* Berne, sur l'Aar, affluent du Rhin. *Villes principales :* Zurich, Bâle, sur le Rhin ; Genève sur le Rhône et le lac de Genève, Neuchâtel, et Lucerne, sur les lacs du même nom. — *Population,* 2,860,000 habitants. — *Religion,* catholique et protestante. — *Gouvernement,* république fédérale divisée en vingt-deux cantons.

Région méridionale.

N° 27

I. **L'Espagne,** entre la France et le golfe de Gascogne, au nord ; l'Atlantique et le Portugal, à l'ouest ; le détroit de Gibraltar, au sud ; la Méditerranée, à l'est. — *Capitale,* Madrid, 400,000 habitants. *Villes principales :* Bilbao en Biscaye, Santander, la Corogne, Cadix, sur l'Atlantique ; Gibraltar (possession anglaise), Malaga, Carthagène, Valence ; Barcelone en Catalogne, sur la Méditerranée ; Saragosse en Aragon, sur l'Ebre ; Tolède, dans la Nouvelle-Castille, sur le Tage ; Séville et Cordoue, en Andalousie, sur le Guadalquivir ; Burgos, Valladolid, dans la Vieille-Castille, Salamanque, dans la province de

Léon. — *Population*, 16 millions et demi d'habitants. — *Gouver-nement*, monarchique constitutionnel. — *Religion*, catholique.

II. **Royaume de Portugal**, entre l'Atlantique et l'Espagne. — *Capitale*, Lisbonne, sur le Tage. *Villes principales* : Porto, sur le Douro ; Santarem, sur le Tage ; Setuval, sur l'Atlantique ; Coïmbre, Bragance, etc. — *Population* (non compris les îles Açores et Madères), 4,400,000 habitants. — *Gouvernement*, monarchique constitutionnel. — *Religion*, catholique.

N° 28

III. **Royaume d'Italie**, entre la France et la mer Tyrrhénienne, à l'ouest ; la mer Ionienne, au sud ; l'Adriatique et l'Autriche, à l'est ; l'Autriche et la Suisse, au nord. — *Capitale*, Rome, résidence du Souverain Pontife (290,000 habitants). *Villes principales* : Gênes, Livourne, Naples (460,000 habitants), la ville la plus peuplée de l'Italie, sur la mer Tyrrhénienne : Tarente, sur la mer Ionienne ; Brindes, Ancône, Venise, sur l'Adriatique ; Turin, sur le Pô ; Alexandrie, Novare, Marengo, en Piémont ; Milan, Pavie, Brescia, Côme, Lodi, Marignan, Magenta, Solférino, en Lombardie ; Mantoue, Vérone, Padoue, en Vénétie ; Bologne, Ferrare, Parme, Modène, en Émilie ; Florence et Sienne, en Toscane ; Cagliari, dans l'île de Sardaigne ; Palerme, Messine, Catane, Syracuse, en Sicile. — *Population*, 28,500,000 habitants. — *Gouvernement*, monarchique constitutionnel. — *Religion*, catholique.

N° 29

IV. **Turquie d'Europe** proprement dite, entre les Balkans et l'Autriche-Hongrie, au nord ; l'Adriatique et la mer Ionienne, à l'ouest ; la Grèce, l'Archipel, le détroit des Dardanelles, la mer de Marmara, le Bosphore, au sud ; la mer Noire, à l'est. — *Capitale*, Constantinople, sur le Bosphore (600,000 habitants). *Villes principales* : Andrinople, sur la Maritza ; Salonique, sur l'Archipel ; Scutari, Janina : — Philippopoli, en Roumélie. — *Population*, 5,500,000 musulmans et grecs. — *Gouvernement*, monarchie absolue.

La *Bosnie* et l'*Herzégovine* (v. pr. Serajewo et Mostar), sont occupées par l'Autriche, mais restent nominalement sous la suzeraineté du sultan.

Principauté de Bulgarie, entre le Danube au nord, la Serbie à l'ouest, les Balkans au sud, et la mer Noire à l'est, vassale de la Turquie, mais autonome. — *Capitale*, Sophia. *Villes principales* : Tirnova ; Silistrie, Roustchouk, Widdin sur le Danube ; Varna, sur la mer Noire. — *Population*, 2,000,000 d'habitants de religion grecque ou musulmane

V. Anciennes dépendances de la Turquie. **Principautés unies de Moldavie et de Valachie**, aujourd'hui **royaume de Roumanie**, entre la Russie, la Bulgarie et l'Autriche-Hongrie. *Cap.* Bukharest. *V. pr. :* Yassi ; Galatz, Braïla, sur le Danube (5,500,000 habitants de religion grecque). — **Serbie.** *Capitale*, Belgrade, sur le Danube (1,700,000 habitants de religion grecque). — **Monténégro.**

VI. **Royaume de Grèce**, entre la Turquie, au nord ; l'Archipel, à l'est ; la Méditerranée, au sud ; la mer Ionienne, à l'ouest, comprenant, outre la partie continentale, les îles Ioniennes (*Ville principale* Corfou), les Cyclades et l'Eubée. *Capitale*, Athènes, près de l'Archipel, avec le port du Pirée. *Villes principales :* Nauplie et Volo, sur l'Archipel ; Navarin, Patras, Lépante, Arta, sur la mer Ionienne. — *Population*, 2,070,000 habitants. — *Religion*, grecque. — *Gouvernement*, monarchique constitutionnel.

Région orientale.

N° 30

I. **Empire de Russie**, entre l'océan Glacial, au nord, la Norwège, la Suède, la Baltique, l'Allemagne, l'Autriche-Hongrie, la Roumanie, à l'ouest ; la mer Noire et le Caucase, au sud ; la mer Caspienne, le fleuve Oural, les monts Ourals, à l'est. — *Capitale*, Saint-Pétersbourg (700,000 habitants), sur la Néva. *Villes principales :* Revel, Riga, sur la Baltique ; Odessa, Kherson, Sébastopol, Caffa, sur la mer Noire ; Taganrog (mer d'Azof), sur le Don ; Astrakhan, sur la mer Caspienne ; Arkhangel sur la mer Blanche ; Moscou, Smolensk, Vilna, Kiew, Poltawa ; Kazan, Nijni-Novogorod, sur le Volga, dans l'intérieur ; Varsovie, sur la Vistule, en Pologne. — *Population*, 74,000,000 d'habitants. — *Gouvernement*, monarchie absolue. — *Religion*, grecque, et catholique (Pologne).

Région septentrionale.

N° 31

I. **Royaume constitutionnel de Danemark**, entre la mer du Nord, la Baltique et la Prusse, comprenant le Jutland et l'archipel danois. — *Capitale*, Copenhague (240,000 habitants), dans l'île de Seeland. *Villes principales :* Odensée, dans l'île de Fionie ; Viborg, dans le Jutland (2,100,000 habitants protestants).

II. **Royaumes de Suède et de Norwège**, entre la Russie, l'océan Glacial, l'Atlantique, la mer du Nord et la Baltique. — *Capitales*, Stockholm (Suède) (170,000 habitants), Christiania (Norwège). *Villes principales :* Gothembourg, Malmoë,

Calmar, sur la Baltique (Suède), Bergen et Drontheim, sur l'Atlantique (Norwège). — *Population*, 6,400,000 habitants., dont 1,800,000 pour la Norwège et 4,600,000 pour la Suède. — *Gouvernement*, monarchique constitutionnel. — *Religion*, protestante.

Questionnaire (1).

Quelles sont les limites du Royaume-Uni de Grande-Bretagne et d'Irlande? — Rappeler les chaînes de montagnes les plus importantes. — Les principaux cours d'eau. — Quelle est la configuration de l'Irlande? — Quel est le climat et l'aspect du sol de la Grande-Bretagne? — Quelles sont les principales productions agricoles ou minérales? — Les voies de communication sont-elles nombreuses? — Quelles sont les divisions politiques actuelles? — Quelle est la capitale du royaume? — Quels sont les principaux ports? — En indiquer la situation. — Quelles sont les principales villes d'industrie? — Citer les industries les plus florissantes.

Quelle est la population de la Grande-Bretagne? — Quelles sont les principales langues? — Quelles sont les religions professées dans le Royaume-Uni? — Quelle est la forme du gouvernement? — Donner une idée de la puissance commerciale de la Grande-Bretagne.

Exercices.

Tracer au tableau la carte physique de la Grande-Bretagne, de la Belgique, de la Hollande, de l'Allemagne. Indiquer la position des principales villes.

CHAPITRE VI (Nᵒˢ 32, 33)

RÉCAPITULATION DE L'EUROPE.

I

GÉOGRAPHIE PHYSIQUE (Nᵒ 32)

Limites. — L'Europe est bornée : au nord, par l'océan Glacial arctique et l'océan Atlantique; à l'ouest, par l'océan Atlantique; au sud, par le détroit de Gibraltar, qui la sépare de l'Afrique, la mer Méditerranée, le détroit des Dardanelles, la mer de Marmara, le détroit de Constantinople, la mer Noire et le Caucase,

(1) Ce questionnaire peut s'appliquer, avec des changements insignifiants, et que les élèves eux-mêmes sont capables de faire, à toutes les contrées de l'Europe; aussi jugeons-nous inutile de le répéter pour chaque pays.

qui la séparent de l'Asie ; à l'est, par la mer Caspienne, le fleuve Oural, les monts Ourals, le fleuve et le golfe de Kara, qui la séparent de la Sibérie (Asie).

L'Europe est baignée par trois grandes mers ou océans : l'océan Glacial arctique, l'océan Atlantique et la Méditerranée.

Ligne générale de partage des eaux. Versants et bassins. — Elle est divisée en deux *versants*, c'est-à-dire en deux grandes pentes, dont l'une descend vers le nord-ouest (*océan Glacial* et *océan Atlantique*), l'autre vers le sud-est (*Méditerranée* et *Caspienne*), et dont la séparation est marquée par une chaîne de collines ou de montagnes qui porte le nom de *ligne générale de partage des eaux* ou de *ligne de faîte*, parce qu'elle forme l'arête de cette double pente qui verse dans deux directions différentes toutes les eaux du continent.

Ces deux versants se subdivisent eux-mêmes en plusieurs *bassins* maritimes ou fluviaux. On appelle *bassin maritime* une région circonscrite par des plateaux, des collines ou des montagnes plus ou moins élevées et dont toutes les eaux se rendent dans une mer déterminée ; *bassin fluvial,* une région dont toutes les eaux se réunissent à un cours d'eau principal qui les porte à la mer.

Les montagnes qui forment la *ligne générale de partage des eaux* de l'Europe, sont, de l'est à l'ouest, les monts *Ourals* (1,400 mètres de hauteur moyenne), les monts *Uwalli,* le plateau de *Waldaï* (200 mètres) et les *collines de Pologne* (60 mètres), en Russie.

Les monts *Carpathes, Sudètes* (1,200 mètres), de *Moravie* et de *Bohême* (900 mètres), en Autriche-Hongrie.

Le *Jura Franconien,* les *Alpes de Souabe* (700 mètres), la *Forêt-Noire,* les *Alpes de Constance* et les *Alpes algaviennes,* en Allemagne.

Les *Alpes centrales* (3,200 mètres), *bernoises* (3,600 mètres), et le *Jorat,* en Suisse.

Le *Jura* (1,200 mètres), les *monts Faucilles,* le plateau de *Langres* (400 mètres), les *Cévennes* (1,000 mètres), et les *Pyrénées* (2,300 mètres), en France.

Les monts *Ibériques* (1,600 mètres), et la *Sierra-Nevada,* en Espagne, jusqu'à la pointe de *Tarifa.*

1° VERSANT NORD-OUEST.

OCÉAN GLACIAL ARCTIQUE.

L'océan Glacial ne forme qu'une mer secondaire, la mer **Blanche,** couverte de glaces pendant sept ou huit mois de l'année (Russie). Il baigne les îles *Waïgatch, Kalgouef,* et la *Nouvelle-Zemble.*

Montagnes de ceinture. — La ceinture du bassin de l'océan Glacial en Europe est formée à l'ouest par les monts *Olonetz,* à partir du cap *Nord,* au sud par les plateaux de *Waldaï* et de l'*Uwalli,* à l'est par les monts *Ourals* jusqu'à la pointe de *Waïgatch.*

Fleuves. — Les principaux fleuves sont : de l'est à l'ouest la *Petchora,* la *Mézen,* la *Dwina* et l'*Onéga* (Russie) et la *Tana* (Norwège).

OCÉAN ATLANTIQUE ET MERS SECONDAIRES.

L'océan Atlantique forme la mer Baltique, la mer du Nord, la Manche, la mer d'Irlande, la mer de France et le golfe de Gascogne, et la mer de Portugal.

MER BALTIQUE.

Golfes et îles. — La mer Baltique est située entre la péninsule scandinave et la péninsule danoise à l'ouest, la Prusse au sud, la Russie à l'est et au nord.

Elle forme les golfes de *Dantzick* (Prusse), de *Livonie,* de *Finlande* et de *Botnie* (Russie), et baigne les îles d'*Aland,* de *Dago* et d'*Œsel* (Russie), de *Rügen* et de *Wollin* (Prusse), de *Gottland* et d'*Œland* (Suède), et l'archipel danois.

Montagnes de ceinture. — La ceinture du bassin est formée à l'ouest par les *Alpes scandinaves* jusqu'au cap *Lindesness,* les collines du Danemark à partir du cap *Skagen,* les collines du *Holstein* et du *Brandebourg,* les *monts des Géants* (Prusse), au sud par les monts *Sudètes* et *Carpathes* (Autriche-Hongrie), à l'est par les collines de *Pologne* et le plateau de *Waldaï*, au nord-est par les monts *Olonetz* (Russie).

Fleuves. — Les principaux fleuves sont : la *Tornéa*, le *Dal* (Suède), l'*Oder*, la *Vistule*, le *Niémen* (Prusse), la *Duna* et la *Néva* (Russie), déversoir des lacs *Ladoga*, *Onéga* et *Saïma*.

MER DU NORD.

Détroits, îles, golfes. — La mer Baltique communique avec la mer du Nord par les détroits du *Sund* entre la Suède et l'île danoise de Seeland, du *Cattégat*, et du *Skager-Rack* entre la Suède, la Norwège et le Jutland.

La mer du Nord baigne à l'est la Norwège et la péninsule danoise ; au sud l'Allemagne, la Hollande, la Belgique ; à l'ouest, les îles Britanniques, et forme en Hollande le golfe du *Zuiderzée*, en Écosse celui de *Murray*.

Montagnes de ceinture. — La ceinture de ce bassin est formée : à l'est par les *Alpes scandinaves*, les *collines du Danemark*, du *Brandebourg* et les *monts des Géants ;* au sud par les monts de *Moravie* et de *Bohême* (Autriche), le *Jura franconien*, les *Alpes de Souabe*, de *Constance* (Allemagne), les *Alpes algaviennes, centrales et bernoises* (Suisse) ; à l'ouest par le *Jura*, les *Ardennes occidentales* et les *collines de l'Artois* (France), les *collines d'Angleterre* et les montagnes d'*Écosse* jusqu'au cap *Duncansby* (Angleterre).

Fleuves. — Les principaux fleuves sont : l'*Elbe*, le *Weser*, l'*Ems* (Prusse), le *Rhin*, qui sort du massif du Saint-Gothard, forme le lac de Constance et reçoit les eaux de tous les lacs de la Suisse ; la *Meuse* (France, Belgique et Pays-Bas) et l'*Escaut* (France, Belgique), la *Tamise*, l'*Humber* et le *Forth* (Grande-Bretagne).

MER DE LA MANCHE.

Détroits, îles, etc. — La Manche communique avec la mer du Nord par le *Pas de Calais ;* elle baigne, au sud la France, au nord l'Angleterre, et renferme l'île de *Wight* et les îles *anglo-normandes* (Jersey, etc.).

Montagnes de ceinture. — La ceinture de ce bassin est formée, en France, par les collines de l'*Artois*, à partir du cap *Grisnez*, les *Ardennes occidentales*, le *plateau de Langres;* les *monts du Morvan*, les *collines de l'Orléanais*, de *Normandie* et de *Bretagne* jusqu'au cap *Saint-Mathieu;* en Angleterre, par une chaîne de collines qui s'étend du cap *Sud-Foreland* au cap *Land's-End*.

Fleuve. — Le principal cours d'eau est la *Seine* (France).

MER D'IRLANDE.

La mer d'Irlande, qui baigne à l'ouest l'Irlande, à l'est l'Angleterre, et qui communique avec l'Atlantique par le canal du *Nord,* au nord, et le canal de *Saint-Georges,* au sud, n'est qu'un bras de ce vaste océan qui, sous le nom d'Atlantique, baigne la région occidentale des îles Britanniques, où il creuse les golfes de la *Clyde* et de *Bristol*, et reçoit les eaux de la *Clyde* et de la *Severn* (Grande-Bretagne).

MER DE FRANCE.

La mer de France baigne à l'est la France, au sud l'Espagne, et communique librement avec l'océan Atlantique.

Montagnes de ceinture. — La ceinture de ce bassin est formée, au nord et à l'est par les collines de *Bretagne*, de *Normandie*, de l'*Orléanais*, du *Morvan* et par les *Cévennes*, au sud par les *Pyrénées* et les monts *Cantabres*, du cap *Saint-Mathieu* aux caps *Ortégal* et *Finisterre* (Espagne).

Fleuves. — Les principaux fleuves sont la *Loire* et la *Garonne* (France).

MER DE PORTUGAL.

La mer de Portugal baigne les rivages occidentaux de l'Espagne et du Portugal. La ceinture du bassin est formée au nord par les *Pyrénées*, à l'est par les monts *Ibé-*

riques, au sud par la *Sierra Nevada*, du cap *Finisterre* à la pointe de *Tarifa*.

Les principaux fleuves sont : le *Douro*, le *Tage*, la *Guadiana* et le *Guadalquivir* (Espagne et Portugal).

2° VERSANT DU SUD-EST.

MÉDITERRANÉE ET MERS SECONDAIRES.

La mer Méditerranée forme la mer Ibérique, la mer Tyrrhénienne, la mer Adriatique, la mer Ionienne, l'Archipel et la mer de Marmara, la mer Noire et la mer d'Azof.

Elle communique avec l'Atlantique par le détroit de *Gibraltar*.

MER IBÉRIQUE.

Iles, montagnes de ceinture, fleuves. — La mer Ibérique baigne les côtes orientales de l'Espagne (ancienne Ibérie) et le groupe des îles *Baléares*.

La ceinture du bassin est formée, à l'ouest par les monts *Ibériques*, au nord par les *Pyrénées*, depuis la pointe de *Tarifa*, jusqu'au cap *Creuz*.

Le principal fleuve est l'*Ebre* (Espagne).

GOLFES DU LION ET DE GÊNES.

Entre la mer Ibérique et la mer Tyrrhénienne, la Méditerranée creuse sur les côtes de France et d'Italie, du cap *Creuz* aux bouches de l'Arno, les golfes du **Lion** et de **Gênes**, qui peuvent être regardés comme appartenant à un même bassin, dont la ceinture serait formée, à l'est et au nord par les *Apennins*, les *Alpes*, les plus hautes montagnes de l'Europe (point culminant, le *mont Blanc*, 4,810 mètres), le *Jura* et les monts *Faucilles ;* à l'ouest par les *Cévennes* et les *Pyrénées*.

Le principal fleuve est le *Rhône* (France), qui sort du massif du Saint-Gothard et forme le lac de *Genève*.

MER TYRRHÉNIENNE.

Golfes, détroits, îles. — La mer Tyrrhénienne borde les côtes d'Italie, où elle forme le golfe de *Naples*, et baigne les îles de *Corse* et de *Sardaigne*, séparées par le détroit de *Bonifacio*, l'île de *Sicile* séparée du continent par le détroit de *Messine*, les îles *Lipari*, l'île volcanique de *Stromboli*, l'île d'*Elbe*, etc.

Montagnes de ceinture. Volcans du Vésuve et de l'Etna. — La ceinture est formée, au nord, à l'est et au sud, par les *Apennins*, montagnes volcaniques, dont le *Vésuve* est un chaînon détaché (1200 mètres d'élévation), et qui se prolongent en Sicile par le mont *Etna*, le plus élevé des volcans de l'Europe.

Fleuves. — Les principaux cours d'eau sont l'*Arno* et le *Tibre* (Italie).

MER ADRIATIQUE.

Iles et golfes. — La mer Adriatique baigne : à l'ouest l'Italie, à l'est l'Autriche-Hongrie et la Turquie, et renferme le groupe des *îles Illyriennes;* elle forme les golfes de *Venise* et de *Trieste*.

Ceinture. — La ceinture est formée, au nord par les *Alpes;* à l'est par les Alpes *Dinariques* et *Helléniques*, jusqu'au cap *Linguetta;* à l'ouest par les Apennins, depuis le cap *Leuca*.

Fleuves. — Les principaux fleuves sont l'*Adige* et le *Pô*, qui reçoit par ses affluents les eaux des lacs *Majeur*, de *Côme* et de *Garde* (Italie).

MER IONIENNE.

Iles et golfes, etc. — La mer Ionienne communique avec la mer Adriatique par le *canal d'Otrante*, avec la mer Tyrrhénienne par le *détroit de Messine;* elle baigne : au nord-ouest l'Italie, où elle forme le golfe de *Tarente;* à l'est la Turquie et la Grèce, où elle forme le golfe de *Lépante*. Elle renferme le groupe des *îles Ioniennes*.

Ceinture. — La ceinture du bassin est déterminée, à l'est, en Grèce, par les *Alpes Helléniques*, jusqu'au cap *Matapan;* au nord-ouest, en Italie, par une branche des *Apennins*. Le principal cours d'eau est l'*Aspro-Potamo* (Grèce).

ARCHIPEL ET MER DE MARMARA.

Iles et détroits. — L'Archipel baigne : à l'ouest la Grèce et la Turquie, au nord la Turquie, à l'est l'Asie, au sud la grande île de *Candie*, et communique avec la mer Noire par le détroit des *Dardanelles*, la mer de *Marmara* et le détroit de *Constantinople*. Les îles européennes sont les *Cyclades*, l'*Eubée*, *Lemno*, *Thaso*, etc. Les principaux golfes sont ceux de *Nauplie*, d'*Athènes* et de *Salonique*.

Ceinture du bassin. — La ceinture du bassin est formée : à l'ouest par les *Alpes Helléniques*, au nord par les *Balkans* (1600 mètres), à l'est par les monts *Strandja*, depuis le cap *Matapan* jusqu'à la pointe de *Constantinople*.

Fleuve. — Le principal fleuve est la *Maritza* (Turquie).

MER NOIRE ET MER D'AZOF.

La mer Noire baigne : à l'ouest la Turquie et les Principautés roumaines, au nord et à l'est la Russie, au sud la Turquie d'Asie. Elle forme la mer d'**Azof,** golfe ensablé, avec lequel elle communique par le détroit de *Kertch* ou d'*Iéni-Kalé*.

Ceinture du bassin. — La ceinture du bassin est formée par les monts *Balkans*, les *Alpes Dinariques*, *Juliennes*, *Rhétiques* et *Centrales* au sud; les *Alpes Algaviennes*, de *Constance* et la *Forêt-Noire* à l'ouest; la ligne générale de partage des eaux au nord, de la Forêt-Noire au plateau de *Waldaï* et les collines du *Volga* à l'est, jusqu'à leur jonction avec le Caucase.

Fleuves. — Les principaux cours d'eau sont le *Danube* (2,800 kilomètres), qui prend sa source dans la Forêt-

Noire et traverse ou limite l'Allemagne, l'Autriche-Hongrie et les Principautés Danubiennes (Serbie, Roumanie, Bulgarie), le *Dniester,* le *Dnieper* (Russie), et le *Don* (Russie, mer d'Azof).

MER CASPIENNE.

La Caspienne est un grand lac sans écoulement dont le bassin est circonscrit en Europe par le *Caucase,* les collines du *Volga,* les monts *Uwalli* et *Ourals,* et qui reçoit le *Volga* (3,680 kil.) le plus grand fleuve de l'Europe, et l'*Oural.*

Configuration générale de l'Europe. — L'Europe est de toutes les parties du monde celle dont les côtes offrent les découpures les plus variées, les échancrures les plus profondes : au sud, les trois grandes presqu'îles de Grèce, d'Italie et d'Espagne ; au nord, la péninsule scandinave, la péninsule danoise, les îles Britanniques ; partout des golfes et des mers intérieures.

Le versant nord-ouest est une région de plaines, admirablement arrosées, et où on ne retrouve ni la stérilité, ni la monotonie des steppes ou des déserts de sable des trois autres continents. Le versant sud-est est plus accidenté, mais peu de chaînes de montagnes atteignent la limite des neiges éternelles, et opposent aux communications de sérieux obstacles, comme les Andes en Amérique, l'Himalaya, en Asie. Aussi, nulle part les relations commerciales ne sont-elles plus faciles : des mers libres, des fleuves nombreux, pas de déserts, un climat tempéré, peu de montagnes élevées, peu de terres stériles, tels sont les avantages qui ont fait de la plus petite des cinq parties du monde la plus riche, la plus commerçante et la plus peuplée, par rapport à son étendue.

II

STATISTIQUE EUROPÉENNE (N° 33).

Importance politique de l'Europe. — L'influence politique de l'Europe sur le reste du monde n'est pas moins grande que sa supériorité industrielle et commerciale. C'est le foyer de la civilisation moderne, le point de départ de toutes les grandes entreprises. L'avenir de l'Asie appartient à la Russie et à l'Angleterre ; celui de l'Afrique, à la France, à l'Angleterre et au Portugal ; celui de l'Océanie, à l'Angleterre, à la France et à la Hollande ; l'Amérique même, civilisée et indépendante, doit à l'Europe ces populations de race anglo-saxonne ou latine qui ont fait sa civilisation et sa grandeur ; elle est la fille de l'Europe, comme l'Asie et l'Afrique en sont les sujettes.

Population et races diverses. — La population totale de l'Europe est d'environ 320 millions d'habitants, appartenant presque tous à la race blanche, et divisés en trois grandes familles presque égales en nombre.

1° A l'orient la **race slave,** qui comprend les *Russes* (Russie), les *Polonais* (Pologne, Lithuanie, Posnanie, Gallicie) et les *Slaves méridionaux* (empire d'Autriche-Hongrie et Turquie d'Europe) ;

2° Au nord et au centre, la **race germanique,** qui comprend les *Allemands* (Prusse, Allemagne, Suisse, Autriche, 56 millions) ; les *Scandinaves* (Danemark, Suède et Norwège) ; les *Anglo-Saxons* (Grande-Bretagne), les *Bataves* et les *Flamands* (Hollande et Belgique) ;

3° Au sud, la **race latine,** qui comprend les *Français* (France, Belgique, Suisse) ; les *Italiens* (Italie) ; les *Espagnols* et les *Portugais* (Péninsule ibérique) ; et les *Roumains* (Moldo-Valachie).

A ces trois familles puissantes il faut ajouter des groupes moins nombreux : les *Madgyares* (Hongrie), les *Bulgares* (Turquie), les *Turcs* (Turquie), les *Tartares* (Russie), originaires de l'Asie centrale ; les *Grecs* (Grèce et Turquie) ; les *Juifs,* répandus dans toute l'Europe. Enfin les vestiges de l'ancienne langue *celtique* subsistent encore en Écosse, en Irlande, dans le pays de Galles et en France dans la Bretagne ; et ceux de la langue des *Ibères,* chez les Basques français et espagnols.

Religion. — Le christianisme est presque seul professé en Europe. Le *catholicisme* (146 millions) domine chez les peuples de race latine (France, Italie, Espagne, Portugal, Suisse, Belgique), chez les Allemands du sud (Autriche, Bavière), chez les Polonais et en Irlande ;

Le *protestantisme* (92 millions) chez les peuples de race germanique (culte *anglican* et *presbytérien* dans la Grande-Bretagne ; culte *évangélique* ou *luthéranisme* en Suède, en Norwège, en Danemark, en Prusse et dans une partie de l'Allemagne du nord ; *calvinisme* en Hollande, en Suisse) ;

La religion *grecque schismatique* (75 millions), chez les peuples de race slave et grecque (Russie, Turquie, Principautés danubiennes, Grèce).

La religion *musulmane* n'existe qu'en Turquie et dans quelques parties de la Russie ; le *judaïsme* est encore professé par la plupart des Israélites répandus en Europe.

Population et étendue. — Dans la plupart des États de l'Europe, la population n'est pas en raison directe de la superficie.

1° La *Russie* d'Europe, avec une étendue de 5,375,000 kilomètres carrés, n'a que 14 habitants par kilomètre carré.

2° La *Suède* et la *Norwège,* avec 759,000 kilomètres carrés, n'en ont que 8 par kilomètre carré.

3° L'*Autriche,* avec 624,500 kilomètres carrés, a 61 habitants par kilomètre carré.

4° L'*Allemagne,* avec 540,000 kilomètres carrés de superficie, compte 84 habitants par kilomètre carré.

5° La *France,* avec 528,000 kilomètres carrés, a 70 habitants par kilomètre carré.

6°-7° La *Turquie d'Europe,* avec 326,000 kilomètres carrés, n'a pas plus de 26 habitants par kilomètre carré. L'*Espagne* n'en a que 33 avec 500,000 kilomètres carrés.

8° La *Grande-Bretagne,* avec 315,000 kilomètres carrés, compte 112 habitants par kilomètre carré.

9° L'*Italie* a 96 habitants par kilomètre carré, pour 296,000 kilomètres carrés de superficie.

10° La *Belgique* en a 188 et la *Hollande* 123 avec une superficie de 29.455 kilomètres carrés pour la première, et de 33,000 pour la seconde.

Puissance militaire. — La puissance militaire d'un État ne dépend pas seulement du nombre de ses armées, mais de leur organisation, de leur esprit, de leur mode de recrutement, conditions difficiles à apprécier et à énumérer.

Si l'on ne tient compte que du nombre, la *Russie*, qui peut mettre sur pied 1,600,000 hommes d'armée active, occuperait le premier rang; le second serait disputé entre l'*Allemagne* qui peut lever 1,200,000 hommes, la *France*, et l'*Autriche,* qui disposent d'une force réelle à peu près égale; le troisième appartiendrait à l'*Italie,* dont les forces se sont élevées, en 1866, à plus de 350,000 hommes effectifs; le quatrième, à la *Grande-Bretagne* qui n'a jamais mis sur pied plus de 250,000 hommes de troupes de ligne, au moins en Europe; le cinquième, à la *Turquie*, dont les troupes régulières atteindraient difficilement ce chiffre, mais qui peut lever une masse considérable d'irréguliers; le sixième à l'*Espagne,* dont l'armée ne dépasse pas 200,000 hommes.

Puissance maritime. — La puissance maritime se mesure également moins par le nombre des navires que par la supériorité de leur construction et de leur armement, et la révolution qui s'opère aujourd'hui dans l'art des constructions navales enlève tout intérêt à des données statistiques peu exactes.

La *Grande-Bretagne* occupe toujours le premier rang en Europe, suivie par la *France* et la *Russie;* puis viennent l'*Espagne*, l'*Italie*, la *Turquie*, les *Pays-Bas,* l'*Autriche-Hongrie;* enfin l'*Allemagne,* qui, par sa position nouvelle, est appelée à prendre un rang important parmi les puissances maritimes.

Puissance financière. — La puissance financière d'un État dépend non seulement du chiffre des revenus, mais de leur rapport avec les dépenses; de l'importance de la dette publique, et du crédit, c'est-à-dire de la confiance qu'il inspire et de la facilité qu'il trouve à emprunter quand il le juge à propos.

La *Grande-Bretagne,* avec sa dette de 20 milliards et son revenu de plus de 2 milliards, supérieur aux dépenses, voit aujourd'hui l'intérêt de sa dette coté à un peu plus de 3 pour cent.

La *France,* avec sa dette de plus de 20 milliards et son revenu de 2,900 millions, voit ses fonds publics recherchés à moins de 4 1/4 pour 100.

La dette de l'*Allemagne* est peu considérable, son crédit assez bien établi, et l'équilibre existe entre ses recettes et ses dépenses.

Au contraire, le crédit de l'*Autriche-Hongrie,* de la *Russie,* de l'*Italie* et surtout celui de l'*Espagne* et de la *Turquie,* est très inférieur, malgré leurs revenus considérables, à celui des petites puissances telles que la *Hollande* et la *Belgique,* dont les ressources financières égalent, proportion gardée, celles de la Grande-Bretagne.

Industrie. — Dans l'industrie, la *Grande-Bretagne,* avec ses 5 millions de chevaux-vapeur, tient le premier rang ; la *France* (1,100,000 chevaux-vapeur), inférieure pour les industries métallurgiques et pour une partie des industries textiles, est supérieure à la Grande-Bretagne dans toutes les industries de luxe.

La *Prusse* et l'*Allemagne* viennent au troisième rang ; l'*Autriche-Hongrie* au quatrième ; mais si on tenait compte du rapport de la production à la population, la *Belgique,* la *Suisse* le disputeraient à la Grande-Bretagne et surpasseraient tout le reste de l'Europe. L'*Italie* n'a d'industrie sérieuse que dans le nord ; l'*Espagne* et la *Russie* ne sauraient entrer en comparaison avec aucune des puissances que nous venons de citer.

Commerce. — L'importance commerciale se traduit surtout par le chiffre des échanges, par le tonnage de la marine marchande, par le développement des voies de communication.

La *Grande-Bretagne* occupe incontestablement le premier rang avec un mouvement d'échanges de plus de

16 milliards, une marine marchande qui jauge près de 6 millions 1/2 de tonneaux, 29,000 kilomètres de chemins de fer en activité, et 6,000 kilomètres de canaux.

La *France* vient au second rang, avec un mouvement d'échanges de plus de 8 milliards, une marine d'un million de tonneaux ; 28,000 kilomètres de voies ferrées en activité, et 5,000 kilomètres de canaux.

La *Prusse* et le *Zollverein* occupent le troisième rang avec un mouvement d'échanges qui dépasse 6 milliards, un réseau de voies ferrées de 34,000 kilomètres, plus de 2,000 kilomètres de canaux, et une marine marchande qui jauge plus d'un million de tonneaux.

La *Belgique*, les *Pays-Bas*, la *Suisse*, doivent à leur position, à leur industrie, à leurs voies de communication, un mouvement commercial qui, en proportion de leur population et de leur étendue, égale ou surpasse celui des grandes puissances commerçantes, tandis que l'*Autriche-Hongrie*, l'*Italie*, la *Turquie*, la *Russie*, et l'*Espagne*, malgré leurs richesses naturelles, ne dépassent que de bien peu ou même atteignent à peine le chiffre d'échanges de ces trois pays, les plus petits et les plus actifs de l'Europe.

Instruction publique. — Il est aussi impossible d'estimer par des chiffres le degré de culture intellectuelle d'un pays, que d'apprécier la valeur d'une armée par le nombre des soldats. Les pays où l'instruction populaire est le plus développée sont les Etats scandinaves, l'Allemagne et les Pays-Bas. La France n'occupe à ce point de vue que le quatrième ou cinquième rang en Europe. La Russie et la Turquie se disputent le dernier.

RÉSUMÉ.

Géographie physique et récapitulation de l'Europe.

Nᵒˢ 32 et 33

I

Bornes. — L'Europe a pour bornes : au *nord* l'océan Glacial arctique et l'océan Atlantique ; à l'*ouest*, l'océan Atlantique; au *sud*, la mer Méditerranée, la mer Noire et les monts Caucase; à l'*est*, la mer Caspienne et les monts Ourals qui la séparent de l'Asie.

Mers secondaires, Golfes, Détroits. — L'océan **Glacial** forme la *mer Blanche*. L'océan **Atlantique** forme la *mer Baltique*, qui communique avec la mer du Nord par les détroits du *Skager-Rack*, du *Cattégat* et du *Sund*, et dont le principal golfe est celui de *Finlande*; la *mer du Nord*, qui communique avec la Manche par le détroit du *Pas de Calais*, et dont le principal golfe est le *Zuiderzée*; la *Manche*, la *mer d'Irlande*, la *mer de France*, le *golfe de Gascogne*.

La **Méditerranée** communique avec l'Atlantique par le détroit de *Gibraltar*; elle forme les *golfes du Lion* et de *Gênes*, la *mer Tyrrhénienne*, la *mer Adriatique*, la *mer Ionienne* (golfes de *Tarente* et de *Lépante*), réunies par le détroit ou canal d'*Otrante*; l'*Archipel*, qui communique avec la mer Noire par le détroit des *Dardanelles*, la *mer de Marmara* et le *Bosphore*; la *mer Noire*, la *mer d'Azof*, réunies par le détroit de *Kertch*.

Les **principales îles** sont : dans la *Baltique*, l'Archipel danois; dans la *mer du Nord* et l'*Atlantique*, les îles Britanniques; dans la *Méditerranée occidentale*, les îles Baléares, la Corse, la Sardaigne, la Sicile, séparée de l'Italie par le détroit de *Messine*; dans la *mer Ionienne*, les îles Ioniennes; dans la *Méditerranée méridionale*, l'île de Malte, Candie; dans l'*Archipel*, les Cyclades, l'Eubée.

Presqu'îles et Isthmes. Caps. — On doit citer les *grandes péninsules* : Scandinave, dont la pointe la plus septentrionale est le *cap Nord*, Danoise terminée par le cap *Skagen*, dans le versant de l'Atlantique; *Espagnole* terminée au nord-ouest par le cap *Finisterre*, entre l'Atlantique et la Méditerranée; *Italienne*, *Hellénique* (presqu'île de *Morée*, terminée au sud par le cap *Matapan* et rattachée à la Grèce par l'*isthme de Corinthe*), dans le versant de la Méditerranée; la presqu'île de *Crimée*, rattachée à la Russie par l'*isthme de Pérécop*, dans la mer Noire.

Relief du sol. — Les principaux groupes de montagnes de l'Europe sont :

1° Au sud-ouest le GROUPE ESPAGNOL (*Sierra Nevada* et *Pyrénées espagnoles et françaises*); au centre de la péninsule s'étend un plateau élevé en moyenne de plus de 500 mètres, le *plateau des Castilles*.

2° A l'ouest le GROUPE FRANÇAIS, *Cévennes*, volcans éteints du *massif central français, Vosges*.

3° Au centre le système des ALPES, les plus hautes montagnes de l'Europe, dont la chaîne principale, couverte de neiges et de glaciers, se recourbe en demi-cercle depuis le golfe de Gênes jusqu'à l'Adriatique, sous les noms : 1° d'*Alpes occidentales* jusqu'au mont Blanc (4,810 mètres, point culminant de la chaîne); 2° d'*Alpes centrales* depuis le mont Blanc jusqu'au col du Brenner (mont Rose, col du Simplon, col et massif du Saint-Gothard); 3° d'*Alpes orientales*, depuis le col du Brenner jusqu'à l'Adriatique.

Au nord des Alpes s'étendent les *plaines élevées* de la *Suisse* septentrionale, limitées à l'ouest par la chaîne du *Jura*, et les *plateaux* de l'*Allemagne* méridionale et centrale.

4° Au centre même de l'Europe s'élève le groupe de la Bohème, rattaché aux Alpes par une série de hauteurs qui sillonnent les *plateaux de l'Allemagne centrale*.

5° Le groupe de la Bohême est lié à celui des Carpathes, plateaux boisés dont le versant occidental s'efface dans les *plaines de Hongrie*. Au nord des montagnes de la Bohême et des Carpathes s'étendent les *plaines de l'Allemagne du nord* et *de la Pologne*.

6° Vers le sud, les *Alpes occidentales* se prolongent jusqu'aux extrémités de l'Italie par la chaîne et les plateaux des Apennins. Les deux volcans du *Vésuve* en Italie et de l'*Etna* en Sicile appartiennent au système des Apennins.

7° Vers le sud-est, les *Alpes orientales* se prolongent, le long de l'Adriatique, jusqu'au massif d'où se détachent les Balkans et les Alpes Helléniques.

8° Au nord-ouest s'élèvent les montagnes de l'Ecosse (Grande-Bretagne).

9° Au nord, la péninsule scandinave est traversée par la chaîne et les plateaux neigeux des Alpes Scandinaves.

10° et 11° A l'est de l'Europe s'étend l'immense *plaine de la Russie*, qui se termine à l'orient par les monts Ourals et par la dépression de la Caspienne, au sud par le Caucase (point culminant 5,600 mètres) et par la mer Noire.

12° Sur la limite de l'océan Atlantique et de l'océan Glacial l'île d'Islande renferme des montagnes élevées et volcaniques (volcan de l'*Hécla*).

L'Europe a deux grands versants, l'un incliné vers le nord-ouest, l'autre vers le sud-est.

Principaux Fleuves. Versant nord-ouest. — *Océan Glacial* et *mer Blanche*. Petchora, Dwina (Russie). — *Baltique*, Néva, Duna, Niémen (Russie), Vistule, Oder (Allemagne du nord). — *Mer du Nord*, Elbe, Weser (Allemagne du nord); Rhin, qui prend sa source au Saint-Gothard en Suisse, forme le lac de Constance, et reçoit à gauche l'Aar (Suisse), déversoir des lacs de la Suisse, la Moselle (France et Allemagne), à droite le Main (Allemagne). Il se divise, avant d'aboutir à la mer du Nord, en plusieurs bras dont le principal est le Wahal. Le Rhin traverse la Suisse, l'Allemagne et les Pays-Bas (1,300 kilomètres). **La Meuse**, qui se confond avec le Wahal, l'Escaut (France, Belgique et Pays-Bas), la Tamise (Angleterre). — *Manche*, Seine (France). — *Océan Atlantique occidental*, Loire et Garonne (France), Douro, Tage, Guadiana, Guadalquivir (Espagne).

Versant sud-est. — *Mer Méditerranée occidentale*. Ebre (Espagne), Rhône (France). — *Mer Tyrrhénienne*. Arno et Tibre, qui descendent de l'Apennin (Italie). — *Adriatique*. Adige et Pô, qui prend sa source dans les Alpes, coule de l'ouest à l'est et forme à son embouchure de vastes lagunes (Italie). — *Archipel*. Maritza, qui descend des Balkans (Turquie). — *Mer Noire*. Danube, le second fleuve d'Europe, qui naît dans la Forêt-Noire (Allemagne), coule de l'ouest à l'est en franchissant plusieurs défilés, et reçoit les eaux d'une partie des Alpes, du groupe de Bohême, des Carpathes et des Balkans (2,800 kilomètres. Allemagne, Autriche-Hongrie, Roumanie, Bulgarie, Russie, Turquie), Dniester, Dniéper (Russie). — *Mer d'Azof*, Don (Russie). — *Mer Caspienne*, Volga, le plus grand fleuve d'Europe, qui sort du plateau de Waldaï et coule du nord-ouest au sud-est (3,680 kilomètres), Oural (Russie).

Principaux Lacs. — Saïma, Onéga, Ladoga, le plus grand de l'Europe (Russie), Wetter, Wener, Mœlar (Suède). Lacs de Genève, de Constance, de Zurich, des Quatre-Cantons, de Neuchâtel (Suisse). Lacs Majeur, de Côme, de Garde (Italie).

II

Population. Principales Langues. — La population totale de l'Europe est d'environ 320 millions d'habitants. Les principales familles de langues sont les langues : *slaves* (Russie, Autriche-Hongrie, Turquie) ; *germaniques* (Allemagne, Autriche-Hongrie, Suisse, Scandinavie, Iles Britanniques) et *latines* (France, Belgique, Suisse, Espagne, Portugal, Italie, Roumanie).

Religions. — Le *Catholicisme* domine en Espagne, en Portugal, en Italie, en France, en Belgique, en Autriche-Hongrie, dans l'Allemagne du sud, en Pologne, en Irlande et dans une partie de la Suisse.

Le *Protestantisme*, dans les Etats scandinaves, dans l'Allemagne du nord, la Grande-Bretagne, les Pays-Bas et une partie de la Suisse :

La *Religion grecque*, en Russie, en Grèce et en Turquie.

Le *Mahométisme*, est professé en Turquie et en Russie.

Les pays les plus peuplés. — Les pays les plus peuplés de l'Europe par rapport à leur étendue sont : la Hollande, la Belgique, la Grande-Bretagne, l'Italie, l'Allemagne et la France ; les plus étendus et les moins peuplés sont la Russie et la Scandinavie (Suède et Norwège). Par son étendue la France n'occupe que le cinquième rang et le sixième par la densité de sa population.

Puissance militaire. — Les grandes puissances militaires sont : la Russie, l'Allemagne, la France et l'Autriche-Hongrie.

Puissance financière. — Les Etats dont le crédit est le plus solide sont : la Grande-Bretagne, la Hollande, la Belgique, la France et l'Allemagne.

Puissance industrielle. — Les puissances industrielles de premier ordre sont : la Grande-Bretagne, qui l'emporte pour les industries textiles et métallurgiques, la France qui l'emporte pour les industries de luxe, la Belgique, la Suisse et l'Allemagne.

Canaux et voies de communication. — Les premiers rangs appartiennent à la Grande-Bretagne, à la France, à l'Allemagne, à la Belgique, à la Hollande et à la Suisse.

Instruction publique. — Les pays où l'instruction populaire est le plus répandue sont : les Etats scandinaves, l'Allemagne et les Pays-Bas. La France ne vient qu'au cinquième rang.

Questionnaire.

Quelles sont les bornes de l'Europe? — Quelles sont les mers qui la baignent. — Indiquer les caps, golfes, îles, presqu'îles, isthmes les plus importants? — Quels sont les grands massifs montagneux de l'Europe? — Quelles sont les grandes divisions de la chaîne principale des Alpes? — Quels sont les sommets et les cols les plus importants? — Quels sont ceux que franchissent des voies ferrées? — Quel est le point le plus élevé de la chaîne des Alpes? — Qu'entend-on par glaciers, avalanches? — Quels sont les deux grands rameaux méridionaux qui forment le prolongement des Alpes? — Quels sont les volcans qui dépendent du groupe des Apennins? — Où est situé l'Etna? — Quelle est la disposition des montagnes qui entourent la Bohême? — Quel est l'aspect des Carpathes? — Dans quel sens se dirigent les Pyrénées franco-espagnoles? — Quel est le sommet le plus élevé des Pyrénées? — Que signifie le mot Sierra? — Quels sont les principaux massifs montagneux de la Grande-Bretagne? — D'où vient le nom d'Alpes scandinaves? — Trouve-t-on dans l'intérieur de la Russie de véritables montagnes? — Quelle est la chaîne de montagnes qui sépare l'Europe de l'Asie septentrionale? — Quelle est la chaîne de montagnes qui sépare l'Europe de l'Asie occidentale? — Quel est le principal volcan de l'Islande? — Quels sont en Europe les pays de montagnes? — Quels sont les pays de plaines? — Toutes les parties de l'Europe sont-elles situées au-dessus du niveau de la mer? — Quelle est la partie la plus basse de l'Europe? — Quels sont les principaux plateaux de l'Europe?

En combien de grands versants l'Europe est-elle divisée? — Quelles sont les hauteurs qui forment la ligne de partage des eaux? — Quels sont les principaux fleuves qui se jettent dans... (Indiquer le nom de la mer? — Décrire en particulier le cours du Rhin et ses embouchures. Décrire le cours du Pô. Décrire le cours du Danube. Décrire le cours du Volga et ses embouchures. — Quels sont les fleuves les plus longs de l'Europe? — Quels sont les plus importants au point de vue du commerce? — Quels sont en Europe les principaux pays de lacs? — Indiquer la situation des lacs les plus importants. — En existe-t-il en France?

A quelle race appartiennent les populations européennes? — En combien de grandes familles peut-on diviser les langues européennes?— Quels sont les pays où l'on parle les langues germaniques?

Quels sont les Etats les plus vastes de l'Europe? — Quels sont les plus petits? — Quels sont les plus peuplés par rapport à leur étendue? — Quel rang occupe la France par son étendue et la densité de sa population?

Quelles sont les grandes puissances militaires et maritimes? — Qu'entend-on par puissance financière d'un pays? — Quels sont les pays dont le crédit est le mieux établi? — Quelles sont les grandes puissances industrielles? — Quelles sont les industries où la France occupe le premier rang? — Quelles sont les principales industries de la Grande-Bretagne? — Quels sont les pays dont la marine marchande est le plus florissante? — Quels sont ceux qui possèdent le plus de voies de communication? — Quels sont ceux dont le commerce est le plus considérable? — L'importance commerciale est-elle en raison directe de l'étendue du pays?

Quelles sont les contrées de l'Europe où l'instruction populaire a fait le plus de progrès? — Quelles sont les religions professées en Europe? — Dans quels pays dominent-elles?

Exercices.

Indiquer et écrire sur une carte muette de l'Europe les mers secondaires, les caps, les îles, détroits, presqu'îles, etc. — Indiquer sur une carte d'Europe, par des teintes différentes, les pays de montagnes, les plateaux et les plaines basses. — Tracer sur une carte muette de l'Europe le cours des principaux fleuves, et indiquer les lacs les plus importants.

Indiquer sur une carte d'Europe les régions occupées par les trois grandes races européennes. — Indiquer sur une carte d'Europe par des teintes différentes les pays où l'instruction publique est le plus ou le moins développée.

LIVRE VII

RÉVISION GÉNÉRALE

CHAPITRE I (N° 34)

NOTIONS GÉNÉRALES.

La sphère et la mappemonde[1]. — Les globes terrestres peuvent seuls donner une idée exacte de la véritable forme de la terre, de l'étendue et de la situation relative des diverses contrées.

La terre ayant une forme sphérique, on a pu appliquer à la mesure du globe les mêmes règles qu'à celle de la sphère. On a supposé le globe terrestre traversé de part en part par un *axe* vertical dont les deux extrémités ont reçu le nom de *pôles*. L'un a été nommé pôle *arctique*, parce qu'il semble dirigé vers une constellation que les Grecs appelaient *Arctos* (Petite Ourse) : on le nomme encore pôle *boréal* ou pôle *Nord :* l'autre porte le nom de pôle *antarctique*, pôle *austral* ou pôle *Sud*.

Perpendiculairement à l'axe de la terre et à distance égale des deux pôles, on a imaginé un grand cercle, l'*équateur*, coupant le globe en deux hémisphères égaux par un plan horizontal.

Parallèlement à l'équateur, et à distance égale les uns des autres, on a tracé sur la surface du globe 180 cercles nommés *parallèles*, 90 au nord et 90 au sud de l'équateur, qui servent à mesurer les *latitudes*, c'est-à-dire la distance d'un lieu à l'équateur.

Perpendiculairement à l'équateur, on a imaginé de grands cercles faisant le tour du globe et passant par les deux pôles ; on les a appelés *méridiens*, parce qu'il est midi ou minuit au même moment pour tous les points situés

(1) Ces notions générales étant très sommaires, le texte devra servir en même temps de *résumé* (voir le questionnaire, page 159).

sur le tracé d'un de ces cercles. Ils servent à mesurer les *longitudes*, c'est-à-dire la distance d'un lieu quelconque à un méridien convenu et choisi comme point de départ. En France, on compte les longitudes à partir du méridien de Paris, et la terre étant divisée comme toute sphère en 360 degrés, on compte 180 degrés de longitude *orientale* et 180 de longitude *occidentale*. Chaque degré se subdivise en 60 *minutes* et chaque minute en 60 *secondes*.

Enfin la courbe décrite par la terre dans sa révolution autour du soleil n'étant pas dans le même plan que l'équateur, on a donné le nom de *tropiques* aux deux parallèles qui passent par le point inférieur et par le point supérieur de cette courbe. L'un, situé au nord de l'équateur, porte le nom de *tropique du Cancer*; l'autre, situé au sud, celui de *tropique du Capricorne*.

Les cartes géographiques ne sont autre chose que la reproduction, sur une surface plane, d'une partie ou de l'ensemble du globe terrestre représenté d'après des procédés de construction qui en altèrent le moins possible la véritable figure.

On donne le nom de *mappemonde* à une carte générale du globe, divisée le plus souvent en deux hémisphères.

Étendue des terres et des eaux. — Au premier coup d'œil jeté sur une mappemonde, on est frappé de l'étendue considérable que les eaux occupent sur la surface du globe par rapport aux terres.

Sur une superficie d'environ 510 millions de kilomètres carrés, les terres n'en occupent guère que le quart, et le reste est couvert par les mers. La masse des terres est environ trois fois plus considérable dans l'hémisphère boréal que dans l'hémisphère austral.

On admet d'ordinaire dans cette immense étendue d'eau salée qui recouvre les trois quarts de la surface du globe, cinq grandes divisions : le Grand Océan ou Océan Pacifique, l'océan Indien, l'océan Atlantique, l'océan Glacial arctique et l'océan Glacial antarctique.

Questionnaire.

Quelle est l'utilité des cartes et des globes? — Quelle est la forme de la terre? — Les cartes planes peuvent-elles reproduire exactement la figure de la terre? — Pourquoi une carte plane ne peut-elle être exacte?

A quoi servent les lignes tracées sur les cartes et sur les globes? — Ces lignes existent-elles dans la nature?

Qu'est-ce que l'axe et les pôles de la terre?—Quels noms donne-t-on aux deux pôles? — Quels sont les points cardinaux? — Qu'est-ce qu'un méridien?

Qu'est-ce que l'équateur? — Qu'entend-on par parallèle à l'équateur? — Qu'est-ce que les tropiques?

En combien de degrés la sphère terrestre est-elle divisée? — Qu'entend-on par latitude et par longitude d'un lieu? — A partir de quel méridien compte-t-on les longitudes en France? — Combien y a-t-il de degrés de longitude orientale? — Combien de longitude occidentale? — Comment compte-t-on les latitudes? — Combien y a-t-il de degrés de latitude septentrionale? — Combien de latitude méridionale? — Qu'est-ce qu'une mappemonde? — Quelle est dans les cartes la position des points cardinaux? — Les indiquer sur une carte.

Exercices.

Indiquer sur un globe terrestre les pôles, l'équateur, les tropiques, et le tracé de deux ou trois méridiens.

A défaut de globe terrestre tracer avec la pointe d'un couteau ou d'une grosse épingle sur l'écorce d'une orange ou sur une pomme aussi ronde que possible, les cercles et les points énumérés ci-dessus.

Ecrire avec les signes convenus un certain nombre de latitudes et de longitudes. (Choisir de préférence celles de la ville où l'on se trouve.)

CHAPITRE II (N° 34)

LES MERS.

I

Le **Grand Océan** ou **océan Pacifique** est situé entre l'Amérique à l'est, l'Asie à l'ouest et les deux mers polaires au nord et au sud.

Détroits et caps. — Il communique au nord avec l'océan Glacial arctique par le détroit de *Behring,* entre l'Amérique et l'Asie.

A l'ouest, il communique avec l'océan Indien par de nombreux détroits, celui de *Malacca,* entre l'île de Sumatra et la presqu'île de Malacca; celui de la *Sonde,* entre Sumatra et Java; le détroit de *Torrès,* au nord de l'Australie; le détroit de *Bass,* entre l'Australie et la Tasmanie, au sud de laquelle les eaux des deux océans se confondent librement.

A l'est, les eaux de l'Atlantique et du Grand Océan se confondent également au cap *Horn*, la pointe la plus méridionale de l'Amérique, et communiquent au nord du cap Horn par le détroit de *Magellan*, entre la Terre de Feu et la Patagonie.

Courants. — Outre les oscillations régulières et périodiques connues sous le nom de *marées,* et qui se font plus ou moins sentir dans toutes les mers, il existe des mouvements locaux, quelquefois périodiques, plus souvent constants, qui portent les eaux dans certaines directions, mais qui n'agissent pas sur la masse entière de l'Océan. On peut les ramener presque tous à un double mouvement, l'un qui porte vers l'équateur les eaux froides des mers polaires, l'autre qui entraîne les eaux chaudes de l'équateur de l'Orient à l'Occident, dans le sens opposé à la rotation du globe ; ces deux grands mouvements, qui peuvent varier à l'infini, suivant la position des terres, et les obstacles qu'ils rencontrent, sont désignés sous le nom de *courants polaires* et *courants équatoriaux,* et correspondent à des mouvements analogues dans la masse de l'atmosphère.

Les *courants polaires* du nord descendent dans l'océan Pacifique par le détroit de Behring et longent les côtes d'Asie jusqu'au détroit de Corée : les courants polaires du sud glissent le long des côtes de l'Amérique méridionale jusqu'au Pérou, sous le nom de *courant de Humboldt.*

Le *courant de l'équateur* se dirige presque en droite ligne de l'Amérique vers l'Asie, en laissant au sud la masse des archipels et des terres de l'Océanie ; mais, brisé par le continent asiatique, il se détourne vers le nord, longe les côtes du Japon, et revient sur lui-même en décrivant un vaste demi-cercle qui semble tracer au navigateur la route de l'Asie aux côtes d'Amérique. Les courants atmosphériques équatoriaux, connus sous le nom de *vents alizés,* soufflent presque constamment de l'est à l'ouest, dans l'espace compris entre les deux tropiques.

Mers secondaires. — Le Grand Océan ne forme sur les côtes de l'Amérique que deux golfes importants, celui de *Californie* ou mer *Vermeille*, et celui de *Panama*.

Sur les côtes d'Asie, il forme la mer d'*Okhotsk*, celle du *Japon*, la mer *Jaune*, la mer de *Chine*, le golfe de *Siam*.

Iles et presqu'îles. Leur direction. — Les nombreux archipels de la Polynésie et de la Micronésie, disséminés dans l'océan Pacifique, semblent avoir été soulevés isolément par des éruptions volcaniques ; mais il est facile de reconnaître dans la Mélanésie et la Malaisie une grande chaîne de montagnes sous-marines, qui forme le prolongement de la presqu'île de Malacca, se dirige de l'est à l'ouest sous le nom d'îles de Sumatra, de Java, de Nouvelle-Guinée, de Nouvelle-Calédonie, puis incline vers le sud, où elle émerge de nouveau sous le nom de Nouvelle-Zélande. Une seconde chaîne volcanique, comme la première, longe les côtes d'Asie, en partant de la presqu'île de Kamtchatka (Sibérie), dont elle est le prolongement, et se dirige du nord au sud sous le nom d'archipel Japonais, d'île Formose, d'îles Philippines, d'île de Bornéo.

II

L'océan Indien, situé entre l'Asie au nord, l'Afrique à l'ouest, le continent australien à l'est, communique avec l'océan Pacifique par les détroits de *Malacca*, de la *Sonde*, etc., et se confond avec l'océan Atlantique au sud des caps de *Bonne-Espérance* et des *Aiguilles*, en Afrique.

Mers secondaires. — L'océan Indien forme, sur les côtes d'Asie, le golfe du *Bengale*, le golfe ou mer d'*Oman*, le golfe *Persique*, qui communique avec la mer d'Oman par le détroit d'*Ormuz*, et le golfe *Arabique*, ou *mer Rouge*, dont le débouché est le détroit de *Bal-el-Mandeb*.

Iles et presqu'îles. — Trois grandes presqu'îles : l'*Indo-Chine*, terminée par la presqu'île de *Malacca*, l'*In-*

doustan (Dekan), prolongé par l'île de *Ceylan*, et l'*Arabie* s'avancent du nord au sud dans l'océan Indien. Il semble même que les montagnes de l'Indoustan, qui plongent dans l'océan Indien au cap *Comorin*, se continuent par une chaîne d'îles et de hauts-fonds jusqu'à la grande île de *Madagascar*, dont la direction est la même que celle des presqu'îles de l'Asie méridionale.

Courants. — C'est à la situation et à la forme de ces grands promontoires qu'il faut attribuer les perturbations des *courants de l'équateur*, brisés dans l'océan Indien par l'obstacle que leur opposent l'Indo-Chine et l'Indoustan, et rejetés du nord-est au sud-ouest vers Madagascar et la côte d'Afrique.

Les courants atmosphériques y éprouvent également des perturbations sensibles : au-dessus du 10e parallèle sud, les vents alizés sont remplacés par des courants périodiques appelés *moussons* ou vents de semestre, qui soufflent du nord-est au sud-ouest pendant l'hiver (novembre-avril) et du sud-ouest au nord-est pendant l'été (mai-octobre). Ces variations s'expliquent par celles de la température du vaste continent asiatique.

III

L'océan Atlantique est situé entre l'Europe et l'Afrique à l'est et l'Amérique à l'ouest.

Caps et détroits. — Il communique avec l'océan Glacial par le détroit de *Davis*, au nord-est de l'Amérique, et par un espace ouvert au nord de l'Europe ; avec l'océan Pacifique par le détroit de *Magellan* ; il se confond avec l'océan Indien au sud du cap de *Bonne-Espérance*, avec l'océan Pacifique au sud du cap *Horn*.

Mers secondaires. — Il forme sur les côtes d'Amérique le *golfe du Mexique* et la *mer des Antilles ;* sur celles d'Afrique, le *golfe de Guinée ;* sur celles d'Europe, la *mer de France*, la *Manche*, la *mer du Nord*, la *Baltique ;* enfin il pénètre par le détroit de Gibraltar, entre l'Europe et l'Afrique, sous le nom de *Méditerranée*, et se prolonge par l'*Archipel* et la *mer Noire* jusqu'aux rivages de l'Asie occidentale.

Iles et presqu'îles. — L'Atlantique est une immense vallée maritime qui sépare l'Ancien Monde du Nouveau, et, dans cette vaste étendue, c'est à peine si quelques groupes d'îles volcaniques, les *Açores*, les *Madères*, les *Canaries*, semées sur les côtes d'Afrique, rompent l'uniformité de l'Océan. Sur les côtes septentrionales d'Amérique, l'Atlantique baigne la presqu'île de *Labrador*, celle de la *Nouvelle-Écosse* et le groupe de *Terre-Neuve*; sur les côtes d'Europe la *Péninsule scandinave*, le *Danemark* et les *Iles Britanniques* inclinées du sud-ouest au nord-est.

Dans la Méditerranée américaine (golfe du Mexique et mer des Antilles), les *Antilles* s'étendent du nord au sud dans le prolongement de la presqu'île de *Floride*.

Dans la Méditerranée européenne, les trois grandes péninsules *Ibérique*, *Italique*, *Hellénique*, les îles de *Corse*, de *Sardaigne*, de *Sicile*, se prolongent également dans la direction du nord au sud, tandis que l'*Asie-Mineure* s'avance de l'est à l'ouest entre la mer Noire et la Méditerranée proprement dite.

Les courants. — Dans l'océan Atlantique, les *courants de l'Équateur*, par un phénomène analogue à celui qu'ils présentent dans l'océan Pacifique, se dirigent d'abord de l'est à l'ouest, du golfe de Guinée vers la pointe orientale du Brésil, puis, brisés par le continent, se détournent vers le nord-ouest s'engouffrent et se divisent dans les canaux des Antilles, en sortent sous le nom de *Gulf-Stream* et viennent, en longeant les côtes de l'Amérique du Nord et en décrivant un vaste demi-cercle, se perdre entre les Açores, la Norwège et l'Islande.

Les *courants polaires* très sensibles sur les côtes d'Amérique se font sentir également sur celles de l'Europe et de l'Afrique depuis la mer du Nord jusqu'au cap Vert, et depuis le cap de Bonne-Espérance jusqu'au golfe de Guinée. Les vents *alizés* soufflent de l'est à l'ouest, dans les parages compris entre les deux tropiques et souvent même au delà de cette limite.

IV

L'océan Glacial arctique où dominent les vents et les courants polaires commence vers le soixantième parallèle au nord de l'équateur, et s'étend au nord de l'Amérique, de l'Europe et de l'Asie jusque dans les solitudes inconnues du pôle.

Il communique librement avec l'Atlantique par un large bras de mer entre la Norwège et le Groenland, et par le détroit de *Davis* entre le Groenland et le Labrador : avec l'océan Pacifique par le détroit de Behring.

Il forme sur les côtes de Russie, la mer *Blanche*, sur les côtes d'Amérique, la mer d'*Hudson*; sur celles du Groenland, la mer de *Baffin* et la mer polaire.

La direction générale des îles et des presqu'îles, *Groenland*, *Islande*, *Spitzberg*, *Terre de François-Joseph*, *Nouvelle-Zemble*, semble être celle du nord au sud. Les glaces flottantes descendent jusqu'au cinquantième parallèle, et les glaces fixes ou *banquises* commencent vers le soixante-quinzième.

V

L'océan Glacial antarctique communique par un espace ouvert avec l'océan Atlantique, l'océan Indien et l'océan Pacifique, au sud de l'Amérique, de l'Afrique et de l'Océanie, et commence entre le 55e et le 57e degré de latitude. Le cap Horn peut être regardé comme son extrême limite septentrionale.

Les glaces fixes y commencent vers le soixante-dixième parallèle sud, et bordent d'un rempart infranchissable les côtes du continent austral ; les glaces flottantes descendent jusqu'au quarantième parallèle.

RÉSUMÉ

Les mers comprennent cinq grandes divisions : océan Pacifique, océan Indien, océan Atlantique, océan Glacial arctique et océan Glacial antarctique.

1° Océan Pacifique. Entre l'Amérique à l'est et l'Asie à l'ouest.

Détroits. Entre l'océan Pacifique et l'océan Glacial arctique, détroit de *Behring*; entre l'océan Pacifique et l'océan Indien, détroits de *Malacca* et de la *Sonde*; entre l'océan Pacifique et l'océan Atlantique, détroit de *Magellan*.

Mers secondaires et grands golfes. Sur les côtes d'Asie, mers d'Okhotsk, du Japon, mer Jaune, mer de Chine, golfe de Siam. Sur les côtes d'Amérique, golfe de Californie, golfe de Panama.

Courants maritimes. Les courants se dirigent du sud au nord le long des côtes de l'Amérique méridionale jusqu'au Pérou (courant froid de Humboldt), se réchauffent sous l'équateur, se dirigent de l'est à l'ouest en passant au nord de la Mélanésie, se détournent vers le nord le long des côtes d'Asie, puis s'infléchissent vers l'est sous le nom de courant du Japon et viennent mourir sur les côtes de l'Amérique septentrionale.

Courants atmosphériques. Les vents alizés (vents du sud-est au sud de l'équateur, du nord-est au nord de l'équateur) soufflent entre les deux tropiques.

Chaînes et plateaux sous-marins. Deux grandes chaînes volcaniques traversent l'océan Pacifique, l'une du nord au sud dans le prolongement de la presqu'île du Kamtchatka (Japon, Formose, îles Philippines, Bornéo), l'autre du nord-ouest au sud-est dans le prolongement de la presqu'île de Malacca (Sumatra, Java, Nouvelle-Guinée, Nouvelle-Calédonie, Nouvelle-Zélande). Un vaste plateau sous-marin s'étend entre l'Asie et le continent d'Australie.

II. Océan Indien. Entre l'Asie au nord, l'Afrique à l'ouest et l'Australie à l'est.

Détroits. Entre l'océan Indien et l'océan Pacifique, détroits de *Malacca* et de la *Sonde*.

Mers secondaires. Sur les côtes d'Asie, golfe de Bengale, mer d'Oman, mer Persique. Entre l'Asie et l'Afrique, mer Rouge.

Courants maritimes. Les courants venant du pôle austral sont rejetés du nord-est au sud-ouest par la direction des presqu'îles asiatiques et par une ligne de hauts-fonds qui s'étend entre le cap Comorin et Madagascar.

Courants atmosphériques. Moussons du nord-est au sud-ouest pendant l'hiver (novembre-avril), du sud-ouest au nord-est pendant l'été (mai-octobre).

III. Océan Atlantique. Entre l'Europe et l'Afrique à l'est, l'Amérique à l'ouest.

Détroits. Entre l'Atlantique et l'océan Glacial arctique, détroit de *Davis*. Entre l'Atlantique et l'océan Pacifique, détroit de *Magellan*. Entre l'Atlantique et la Méditerranée, détroit de *Gibraltar*.

Mers secondaires. Sur les côtes d'Amérique, golfe du Mexique, mer des Antilles. Sur les côtes d'Afrique, golfe de Guinée. Sur les côtes d'Europe, mer de France, Manche, mer du Nord, Baltique; mer Méditerranée (mer Tyrrhénienne, Adriatique, mer Ionienne, Archipel, mer Noire).

Courants maritimes. Les courants polaires descendent du nord au sud le long des côtes de l'Amérique septentrionale; ils se dirigent du sud au nord dans l'hémisphère austral jusqu'au golfe de Guinée; puis le courant réchauffé sous l'équateur court de l'est à l'ouest jusqu'au Brésil, s'engage dans la mer des Antilles et le golfe du Mexique, en sort sous le nom de Gulf-Stream, longe les côtes de l'Amérique du Nord, s'infléchit vers l'est, au sud de Terre-Neuve, et se prolonge jusque sur les côtes d'Islande et de Norwège.

Courants atmosphériques. Les vents alizés soufflent du sud-est au nord-ouest (au sud de l'équateur) et du nord-est au sud-ouest (au nord de l'équateur) entre les deux tropiques. Au delà commence la zone des vents variables.

Chaînes et plateaux sous-marins. Entre l'ancien et le nouveau continent, le fond de l'Atlantique est une immense vallée où n'émergent que quelques points isolés qui ne forment pas une chaîne continue; au nord-ouest de l'Europe s'étend au contraire un vaste plateau sur lequel reposent la Grande-Bretagne et l'Irlande et qui se prolonge jusqu'à l'Islande. Les Antilles sont les sommets d'une chaîne sous-marine qui se prolonge entre l'Amérique du Nord et l'Amérique du Sud.

IV. L'océan Glacial arctique, au nord de l'Europe, de l'Asie et de l'Amérique, communique avec l'océan Pacifique par le détroit de Behring, avec l'océan Atlantique par le détroit de Davis, et forme en Europe la mer Blanche, sur les côtes du Groenland la mer de Baffin et la mer polaire.

V. L'océan Glacial antarctique s'étend au sud de l'Afrique, de l'Amérique et de l'Océanie, à partir du 57e degré de latitude sud.

Questionnaire.

Rappeler les grandes divisions des mers. — Quelles sont les limites de l'océan Pacifique, — de l'océan Indien, — de l'océan Atlantique, etc. ? — Quels sont les détroits par lesquels l'océan Pacifique communique avec l'océan Indien, — avec l'Atlantique, — avec l'océan Glacial arctique? — N'existe-t-il pas d'autre communication que ces détroits entre l'océan Pacifique et l'océan Indien ou l'océan Atlantique? — Quelles sont les mers secondaires formées par l'océan Pacifique, — par l'océan Indien, — par l'Atlantique, — par l'océan Glacial arctique? En indiquer la situation. — Qu'entend-on par courants maritimes? — Quelle influence ces courants peuvent-ils exercer sur le climat des continents? — Quels sont les courants les plus connus de l'océan Pacifique, de l'océan Atlantique? — Qu'est-ce que le Gulf-Stream? — Existe-il un courant analogue dans l'océan Pacifique? — Qu'entend-on par vents alizés? Dans quelle direction soufflent-ils? Qu'entend-on par moussons? Dans quelle mer les moussons se font-elles surtout sentir? — Quelles sont les grandes chaînes ou les plateaux sous-marins de l'océan Pacifique, — de l'océan Indien, — de l'océan Atlantique? — Quelle influence exerce sur les courants la forme des continents et la direction des grandes péninsules? — Donner des exemples. — Quelles sont les limites de l'océan Glacial arctique, de l'océan Glacial antarctique? — Quelle est dans ces deux océans la limite des banquises?

Exercices.

Tracer sur un planisphère les grands courants de l'Atlantique et de l'océan Pacifique.

Tracer sur un planisphère les routes maritimes :

1º De Marseille à Yédo par le canal de Suez ;

2º De Marseille à Sidney (Australie) par le canal de Suez ;

3º Du Havre à Valparaiso par Rio-Janeiro et le détroit de Magellan ;

4º De San-Francisco au Japon ;

5º De Saint-Nazaire à Colon (isthme de Panama) et de Panama à Valparaiso, à San-Francisco et à Melbourne ;

6º De Londres à Calcutta par le cap Bonne-Espérance.

CHAPITRE III (Nº 35)

LES CONTINENTS.

Les terres occupent environ le quart de la superficie du globe, et nous avons déjà remarqué que leur masse, dans l'hémisphère austral, est trois fois moins considérable que dans l'hémisphère boréal. On donne le nom d'*îles* à celles qui offrent une surface relativement peu étendue et qui sont entourées de tous côtés par les eaux ; le nom de *continents* à celles qui occupent un plus vaste espace et qui n'en sont pas moins des îles, plus importantes que les premières, mais comme elles environnées par les mers.

Les géographes admettent cinq grandes divisions dans la masse des terres : l'Europe, l'Asie et l'Afrique, qui se tiennent et qui forment l'*ancien continent*, le seul que l'antiquité ait connu, bien qu'imparfaitement ; l'Amérique qui forme le *nouveau continent* inconnu des anciens et découvert en 1492 ; et l'Océanie, qui comprend, outre un véritable continent, l'*Australie*, une multitude d'îles disséminées dans l'océan Pacifique, et qui forme en quelque sorte un monde insulaire et maritime.

I

L'Asie, à l'est de l'ancien continent, baignée au nord
par l'océan Glacial arctique, à l'est par l'océan Pacifique,
au sud par l'océan Indien, à l'ouest par la Méditerranée,
est un immense quadrilatère, large de 10,500 kilomètres
de l'ouest à l'est, long de 6,900 du nord au sud, occupant une superficie de 43,000,000 de kilomètres carrés
et présentant un développement de côtes de 60,290 kilomètres. Peu découpée au nord et à l'est, l'Asie présente
au sud et à l'ouest de lourdes presqu'îles : l'Anatolie,
l'Arabie, l'Inde, l'Indo-Chine.

Le point culminant de l'Asie et du globe est le mont
Gaurisankar dans la chaîne de l'Himalaya (8,840 mètres).

Elle se divise en trois zones : au sud, celles des chaleurs
brûlantes et des pluies tropicales, riche et fertile, sauf sur
les plateaux sablonneux de l'Arabie ; au centre, la zone
des plateaux, tantôt tempérée, tantôt âpre et froide, se-
mée de terres cultivables, mais plus souvent de steppes,
de sables et de marécages salés ; au nord, la zone des
glaces, des forêts et des tourbières.

II

L'Asie se rattache à l'Europe par deux isthmes montagneux, celui de l'*Oural* et celui du *Caucase*, que sépare
une dépression profonde occupée par la mer Caspienne.

L'Europe, baignée au nord par l'océan Glacial, à
l'ouest par l'Atlantique, au sud par la mer Méditerranée,
est large de 5,400 kilomètres du sud-ouest au nord-est,
longue de 3,800 du nord au sud, et occupe une superficie
de près de 10,000,000 de kilomètres carrés, avec un développement de côtes de 33,800 kilomètres. Sa figure est irré-
gulière ; de nombreuses presqu'îles, de profondes échancrures la découpent au nord, au sud et à l'ouest ; son climat
est partout tempéré, sauf au nord, ses plateaux peu élevés, et c'est à peine si l'on rencontre dans sa partie orien-

tale quelques steppes et quelques marécages, rebelles à la culture.

Le point culminant de l'Europe est le mont *Blanc* dans la chaîne des Alpes (4,810 mètres).

III

L'Afrique, qui forme la partie sud-ouest de l'ancien continent, se rattache à l'Asie par l'isthme de *Suez :* elle est baignée au nord par la Méditerranée, à l'ouest par l'Atlantique, à l'est par l'océan Indien.

Sa superficie est de 30,000,000 kilomètres carrés, sa plus grande largeur de l'est à l'ouest de 6,800 kilomètres, sa plus grande longueur du nord au sud de 8,000 kilomètres, le développement de ses côtes de 20,480 kilomètres.

C'est un triangle qui présente à l'ouest une large saillie (Sahara et Sénégambie), et une échancrure profonde (golfe de Guinée), et dont la pointe est sans cesse rongée par les courants. Des steppes, des déserts, des lacs marécageux occupent une partie du continent, et les montagnes l'entourent d'une ceinture qui s'oppose à l'écoulement des eaux.

Le point culminant de l'Afrique est le mont *Kilima-Ndjaro* (6,110 mètres).

Direction des montagnes. — Tout l'ancien continent est coupé du nord-est au sud-ouest par la chaîne de montagnes ou de hautes terres qui part du cap *Oriental*, sur le détroit de Behring, forme le revers septentrional du plateau central asiatique, et se bifurque à la jonction des monts *Altaï* et des monts *Alak*.

La branche septentrionale remonte au nord avec les monts Ourals, puis traverse l'Europe du nord-est au sud-ouest jusqu'à la pointe de *Tarifa* sur le détroit de Gibraltar ; et, de l'autre côté du détroit, le terrain se relève en Afrique sous le nom d'*Atlas* et de chaîne *Libyque,* massifs qui dessinent le bassin de la Méditerranée.

La branche méridionale forme le revers septentrional

du plateau de la Perse, s'incline au sud-ouest, longe la Méditerranée sous le nom *Liban,* s'abaisse à l'isthme de Suez, borde la mer Rouge sous le nom de chaîne *Arabique,* dessine les plateaux de l'*Abyssinie,* et court du nord au sud jusqu'au cap de *Bonne-Espérance.*

A cette chaîne principale qui détermine les deux grands versants de l'océan Glacial et de l'Atlantique au nord-ouest, de l'océan Pacifique et de l'océan Indien au sud-est, se rattachent les chaînes secondaires qui enveloppent les plateaux asiatiques, qui forment la charpente des grandes presqu'îles européennes, et qui bordent les rivages d'Afrique en opposant aux fleuves nés dans l'intérieur une barrière souvent infranchissable.

Direction des fleuves. — Les eaux du **versant nord-ouest** (océan Glacial et Atlantique), la *Léna,* l'*Iénisseï,* l'*Obi,* en Asie, la *Dwina,* la *Vistule,* l'*Oder,* l'*Elbe,* le *Rhin,* la *Loire,* le *Tage,* en Europe ; le *Sénégal,* le *Congo,* l'*Orange,* en Afrique, coulent presque toutes du sud-est au nord-ouest, en inclinant de plus en plus vers l'ouest à mesure que l'on s'éloigne de l'orient. Le *Niger* ou *Djoliba,* en Afrique, fait exception et coule d'abord de l'ouest à l'est, puis du nord au sud.

Les eaux du **versant sud-est,** *Amour, Fleuve Jaune, Fleuve Bleu, Meï-Kong, Gange, Indus, Tigre* et *Euphrate,* en Asie, *Zambèze,* en Afrique, coulent, pour la plupart, de l'ouest à l'est, en inclinant vers le sud à mesure que l'on se rapproche de l'occident.

Quant au vaste bassin de la Méditerranée, qu'enveloppent, au sud, les chaînes africaines de l'Atlas, au nord, la chaîne de partage des eaux de l'Europe, la direction des fleuves est variable.

Le *Volga,* tributaire de la Caspienne, coule du nord-ouest au sud-est, le *Don,* le *Dnieper,* du nord au sud, le *Danube,* de l'ouest à l'est, le *Rhône,* de l'est à l'ouest puis du nord au sud ; l'*Ebre,* du nord-ouest au sud-est, le *Nil,* le plus grand fleuve de l'ancien continent, du sud au nord.

IV

L'**Amérique,** ou *nouveau continent*, baignée au nord par l'océan Glacial arctique, à l'ouest par l'océan Pacifique, au sud par les mers australes, à l'est par l'océan Atlantique, s'étend du nord au sud, au lieu de s'allonger comme l'ancien continent, de l'est à l'ouest. Elle se divise en deux grandes presqu'îles réunies par un isthme montagneux qui, dans sa partie la plus étroite, n'a pas plus de 50 kilomètres de largeur.

L'**Amérique du Nord** est un quadrilatère irrégulier, profondément échancré par la mer d'Hudson et par le golfe du Mexique. Sa superficie est d'environ 20,000,000 de kilomètres carrés; le développement de ses côtes de 49,140 kilomètres.

Au nord, des plaines couvertes de lacs, de forêts et de neige; à l'ouest, un pays accidenté, des vallées sauvages, des plateaux élevés; au centre, une immense vallée, en partie occupée par des steppes qui portent le nom de *prairies;* à l'est, des rivages découpés, de nombreux accidents de terrain, un pays fertile, un climat tempéré, tels sont les principaux caractères physiques de l'Amérique du Nord.

Le point culminant de l'Amérique du Nord, paraît être le *Popocatepetl* (5,500 mètres), le grand volcan mexicain.

L'**Amérique du Sud** est un immense triangle dont la forme rappelle celle de l'Afrique, d'une superficie d'environ 18 millions de kilomètres carrés, aux côtes peu découpées, traversé du nord au sud par une chaîne de montagnes dont les cimes neigeuses et les plateaux abrupts dominent à l'ouest une étroite lisière de plaines baignées par le Pacifique, tandis qu'à l'est s'étendent de longues vallées, des *pampas*, des savanes desséchées par le soleil, sablonneuses ou imprégnées de sel, et qu'arrosent des fleuves gigantesques et navigables que la nature a refusés à l'Afrique. Le point culminant de l'Amérique du Sud paraît être l'*Aconcagua* (Andes du Chili) ou le *Sahima* (Andes du Pérou) qui approchent de 7,000 mètres.

Enfin, entre les deux continents, s'allonge un isthme baigné à l'ouest par le Pacifique, à l'est par l'Atlantique, et qui se rétrécit à mesure qu'il descend vers le sud. A l'est de la méditerranée, que l'Atlantique forme entre les deux Amériques, sous le nom de *golfe du Mexique* et de *mer des Antilles*, s'étendent de nombreuses îles qui ne sont que les sommets.d'une immense chaîne sous-marine.

Direction des fleuves et des montagnes. — Le nouveau continent est traversé du nord au sud par une chaîne de montagnes et de plateaux élevés qui forme la ligne de partage des eaux entre les deux océans, sous le nom de *Montagnes Rocheuses* et de *Cordillères*, depuis le cap du *Prince de Galles* (territoire d'Alaska) jusqu'au cap *Horn*.

Ces montagnes, qui se rattachent à celles de l'ancien continent par les îles *Kouriles* et *Aléoutiennes*, ont d'ordinaire la forme de plateaux superposés comme les gradins d'un amphithéâtre, et dominés par des cimes qui approchent de 7,000 mètres dans l'Amérique du Sud.

Parallèlement à cette chaîne principale, qui longe le littoral du Pacifique, une chaîne moins élevée court le long de l'Atlantique sous le nom d'*Alleghanys*, d'*Apalaches*, dans l'Amérique du Nord, de *Sierras du Brésil*, dans l'Amérique du Sud : les Antilles ne sont autre chose que des anneaux de cette chaîne émergeant au-dessus de l'Océan.

Le **versant occidental,** long et étroit, n'a qu'un petit nombre de fleuves qui coulent presque tous, à l'exception du *Youkon* (territoire d'Alaska), du nord-est au sud-ouest, comme le *Frazer,* l'*Orégon,* le *Rio Colorado,* dans l'Amérique du Nord.

Le **versant oriental** est coupé de l'ouest à l'est dans les deux continents par une chaîne peu élevée ou plutôt par une série de plateaux, qui versent au nord le *Mackensie,* dans l'océan Glacial (Amérique du Nord), la

Magdalena et le *San-Francisco* dans l'Atlantique (Amérique du Sud), et au sud le *Mississipi*, le plus grand fleuve de l'Amérique du Nord, dans le golfe du Mexique et le système du *Rio de la Plata* dans l'océan Atlantique (Amérique du Sud).

Mais le *Nelson* et le *Saint-Laurent*, déversoirs des grands lacs de l'Amérique du Nord, l'*Orénoque* et le *Fleuve des Amazones,* le plus long du monde entier, dans l'Amérique du Sud, coulent de l'ouest à l'est, et traversent les deux continents dans presque toute leur largeur.

V

Quant à l'**Océanie,** dont on évalue la superficie à 11,000,000 de kilomètres carrés, elle n'offre qu'un seul continent l'**Australie,** quadrilatère irrégulier (7,600,000 kilomètres carrés de superficie), aux côtes peu découpées, et dont les montagnes parallèles à la côte, semblent offrir une disposition analogue à celles de l'Afrique.

Ce qui reste à découvrir. — Telle est dans son ensemble la géographie des continents.

L'Europe a été minutieusement explorée jusque dans ses parties les plus reculées. L'Asie est connue tout entière, bien que le plateau central présente encore quelques régions dont les caractères géographiques sont mal déterminés.

L'Afrique a été sillonnée, surtout depuis le commencement de notre siècle, par de nombreux voyageurs ; mais les côtes seules sont bien connues ; l'intérieur n'a été exploré qu'imparfaitement, et la région équatoriale offre encore quelques lacunes qu'il sera donné sans doute à notre siècle de combler.

Dans l'Amérique du Nord et dans l'Amérique du Sud, il reste de nombreuses explorations, mais peu de grandes découvertes à faire. Enfin le continent océanique, l'Australie, a été déjà traversé du nord au sud et de l'est à l'ouest, mais l'intérieur n'est guère mieux connu que

8.

celui de l'Afrique, et réserve aux voyageurs d'importantes découvertes.

Quant aux terres polaires, boréales ou australes, défendues par une barrière de glaces, elles présentent à la curiosité scientifique, plus encore qu'à l'intérêt commercial, des problèmes que le temps résoudra sans doute, mais dont la solution sera retardée par les innombrables dangers qui y attendent les explorateurs, et qui n'ont pas, comme ailleurs, pour compensation la certitude de concourir aux progrès du commerce ou de la civilisation.

RÉSUMÉ.

Les continents se divisent en cinq parties : l'Europe, l'Asie, l'Afrique (ancien continent), l'Amérique (nouveau continent) et l'Océanie.

ANCIEN CONTINENT. *Relief du sol.* L'Europe (10 millions de kilomètres carrés) qui le cède en étendue à l'Asie (43 millions de kilomètres carrés) et à l'Afrique (30 millions de kilomètres carrés) leur est supérieure par la densité de la population, la civilisation et la richesse.

La partie orientale et septentrionale de l'Europe et de l'Asie se compose de plaines basses, plaines de Chine et de Sibérie en Asie, dépression de la Caspienne, entre l'Asie et l'Europe, plaines de Russie, de Pologne et de l'Allemagne du Nord, en Europe.

La partie centrale se compose de terrains élevés qu'enveloppent et que sillonnent des chaînes de montagnes, plateau central asiatique, plateau de l'Iran, plateau d'Arménie, plateau d'Asie-Mineure, en Asie ; plateaux des Carpathes, de la Bohême, de l'Allemagne centrale et méridionale, massif des Alpes, massif central français, en Europe.

La partie méridionale se découpe en péninsules généralement élevées et orientées du nord au sud, Indo-Chine, plateau du Dekan, plateau de l'Arabie (en Asie), péninsule turco-hellénique, péninsule italienne, péninsule ibérique, en Europe.

En Afrique, des terres élevées dessinent presque tout le contour du continent et enveloppent les plaines basses du Sahara et du Soudan. Les points culminants sont : le massif de l'Atlas, le plateau d'Abyssinie et le plateau central.

Direction des eaux. La pente septentrionale des hautes terres d'Asie et d'Europe verse ses eaux dans l'océan Glacial et l'Atlantique, dans la direction générale du sud-est au nord-ouest (*Rhin, Elbe, Oder, Vistule,* en Europe, *Obi, Iénisséi, Léna* en Asie.

La pente orientale les verse dans l'océan Pacifique, de l'ouest à l'est (*Amour, fleuve Jaune, fleuve Bleu*), ou du nord-ouest au sud-est (*Meï-Kong*).

Dans le versant méridional incliné en Asie vers l'océan Indien (*Gange, Indus, Tigre* et *Euphrate*), en Europe vers la Méditerranée (*Ebre, Rhône, Danube, Dniester, Dnieper, Don, Volga* dans la Caspienne), la direction générale des fleuves est celle du sud au nord ou du nord-ouest au sud-est.

Les principaux cours d'eau de l'Afrique sont dans le versant de la *Méditerranée*, le *Nil*, le plus grand fleuve de l'ancien monde, qui coule du sud au nord, dans celui de l'Atlantique, le *Sénégal*, le *Niger* et le *Congo*, le rival du Nil, dans celui de l'océan Indien, le *Zambèze*.

Nouveau continent. Amérique. *Relief du sol.* Les deux Amériques sont traversées du nord au sud par une bande de hautes terres (Montagnes Rocheuses, Cordillères du Mexique et du Guatémala, Cordillères des Andes), dont la partie la moins élevée est l'isthme de Panama, et qui se rapproche de plus en plus du littoral de l'océan Pacifique à mesure qu'elle descend vers le sud.

Dans une direction à peu près parallèle à celle de la grande Cordillère s'élèvent à l'est du continent deux plateaux : celui des Apalaches dans l'Amérique du Nord, celui du Brésil dans l'Amérique du Sud. Le reste du continent est une région de plaines ou de plateaux peu élevés, couverts en partie de forêts, en partie de prairies, de llanos et de pampas.

Direction des eaux. Les eaux du versant occidental de la grande Cordillère *Youkon, Frazer, Orégon*, dans l'Amérique du Nord coulent en général du nord-est au sud-ouest, celles du versant oriental de l'ouest à l'est (*Nelson,* et *Saint-Laurent* dans l'Amérique du Nord, *Orénoque*, fleuve des *Amazones* dans l'Amérique du Sud) mais la conformation des plateaux détermine dans chacun des deux continents deux autres versants inclinés, l'un vers le nord (*Mackensie* dans l'Amérique du nord, *Magdalena* et *San-Francisco*, dans l'Amérique du Sud), l'autre vers le sud (*Mississipi* dans l'Amérique du Nord, *Rio de la Plata* dans l'Amérique du Sud).

Ce qui reste a découvrir. Les parties encore inexplorées du globe sont le centre de l'Afrique et de l'Australie et les régions polaires.

Questionnaire.

Rappeler les grandes divisions des terres. — Rappeler les bornes de l'Asie, — de l'Europe, — de l'Afrique. — Quelle est la forme et la superficie de l'Asie? — Quel est le rapport du développement des côtes avec la superficie? — Comparer la superficie de l'Asie et le développement du littoral avec l'étendue des côtes et la surface de l'Afrique et de l'Europe. — Quel est l'avantage que présente un grand développement de côtes? — Quelles sont les parties basses et les parties élevées de l'ancien continent? — Rappeler les noms des grandes chaînes de moutagnes, des principaux plateaux de l'Asie, — de l'Europe, — de l'Afrique. — Quels sont les grands versants? — Quelle est la direction générale des eaux qui les arrosent? — Rappeler les noms des principaux fleuves. — Quel est le plus grand fleuve de l'ancien continent? — Quelles sont dans l'ancien continent les régions de steppes et de déserts? — Quelle est l'étendue de l'Amérique du Nord, — de l'Amérique du Sud? — Quelles en sont les bornes? — Quel est le développement des côtes par rapport à la superficie? — Quels sont les traits généraux qui caractérisent l'Amérique du Nord et l'Amérique du Sud (climat, relief du sol)? — Quelles sont les régions basses et les régions élevées? — Rappeler les noms des grandes chaînes de montagnes. — Rappeler les principaux plateaux, les fleuves les plus importants. — Quel est le plus grand fleuve du nouveau continent? — Quelles sont les régions de steppes (prairies, pampas, etc.) et de forêts dans les deux Amériques?

Quelles sont les parties du globe encore inexplorées?

Exercices.

Construire une mappemonde où on indiquera par une série de teintes différentes les parties élevées et les parties basses des continents.

TABLE DES MATIÈRES

GÉOGRAPHIE DES CINQ PARTIES DU MONDE

LIVRE I.

(N° 1.)

LIVRE II.

GÉOGRAPHIE DE L'ASIE.

LIVRE III.

GÉOGRAPHIE DE L'AFRIQUE.

LIVRE IV.

GÉOGRAPHIE DE L'AMÉRIQUE.

LIVRE V.

OCÉANIE ET TERRES AUSTRALES

LIVRE VI.

ÉTUDE DÉTAILLÉE DE L'EUROPE.

LIVRE VII.

RÉVISION GÉNÉRALE. — NOTIONS GÉNÉRALES.

FIN DE LA TABLE

SAINT-CLOUD. — IMPRIMERIE Vᵉ EUG. BELIN ET FILS.